JN233203

2週間ですぐに話せる中国語

名城大学教授
船田秀佳 著

駿河台出版社

第1日発音編と第2日～第14日の
中国語例文を吹込んだＣＤ付
　　　　　吹込者　陳　　浩
　　　　　　　　　梁　月軍

はじめに

　外国語をコミュニケーションの手段として、なんとか使いこなせるようになるには、最低2000時間の集中的な訓練が必要であると言われています。
　ところが、大学で1年間中国語を勉強したと言っても週1回、年間25回くらいの授業では総時間数は、わずか40時間程度にしかすぎません。
　しかも、ゴールデンウィーク、夏休み、大学祭、冬休み、春休みなどで勉強が中断されるので、とても集中的な訓練が行われているとは言えません。
　中国語がうまくなりたければ、「学校で中国語を学ぶ」「中国語を人に教えてもらう」という発想を捨てることです。つまり、自分で集中的に勉強するという主体性や熱意の有無が、中国語が身に付くかどうかの鍵を握っているということです。
　もちろん、どんな教材で勉強するのかということも重要です。中国語の教科書や参考書は、「分かりにくい」「1冊読み終えても中国語の全体像が見えてこない」というのが本音でしょう。
　書店に並べられている中国語の教科書や参考書は大きく分けて3タイプになるようです。
　第1は会話表現を並べたものです。しかし、文法的解説や語句の注はなく、「なぜこの文がこういう意味になるのか」「どのように応用したらいいのか」が説明されていないものが多いという問題があります。文法的にも語句の点でも理解できない文を覚えることはエネルギーの浪費でしかありません。
　第2は文法書です。しかし、読んでも実に分かりにくいという印象を持たれるでしょう。英文法のように体系化されてはおらず、英文法の中国語版を自分で作る必要があります。
　第3は文法と対話形式の会話表現とがごちゃまぜ状態になったものです。このようなものを何冊読んでも、あるいはこのような教科書で授業を受けても、ポイントが何かは頭の中に整理されにくいでしょう。
　以上の問題点を解決し、しかも気軽に取り組める分かりやすい中国語の学習書になればいいと思いこの本を書いてみました。
　ページ数や文の長さなど色々の制約があり、多くの項目をカットせざるをえませんでしたが、大学で1年かけて勉強しなくても、わずか2週間で相当のレベル

にまで到達できると思います。

　ただし、1つの条件があります。それは、音読筆写に時間をタップリと取ることです。1つの文や単語は最低50回音読しながら書いてください。このような地道な積み重ねがどうしても必要です。

　音と意味と分けて理解することは不可能です。また、コミュニケーションに支障のない音を自分で出せなければ、相手の言っていることを聞き取ることはできません。このことに気付けば、口の筋肉を動かしながら音と意味とを結合させるには、音読筆写が不可欠であることが理解できるでしょう。

　音読のメカニズムをさらに知りたいという方は、私の『英語感覚の磨き方』（鷹書房弓プレス）を是非お読みください。

　音読の神経言語学的な説明や実践方法が詳しく述べてありますので、おおいに参考になると思います。

　この本は、中国語と英語を対照させているところもありますので、比較言語学に興味のある方には、面白い内容になっています。

　最後に、中国語を少しでも勉強するのなら、自分で使う喜びを味わってみることが大切だということを強調したいと思います。

　大学時代に、会話担当の中国人の先生は、「来週の授業は横浜中華街に集合。中華料理店でウェイトレスに積極的に話しかけること。」といった実践的な授業をしてくださいました。

　このような勉強も自分でしてみてください。頭の中に入っていない表現は出てきませんが、入っている表現はどんどん外へ出すことが重要です。これには、中国語を実際に操ってみるしかありません。教室で授業を受けるだけでは不充分です。

　本書を使って勉強を始めてから2週間後に、「自分でも中国語が話せそうだ」「これなら何とかなりそうだ」という自信が芽生えることを期待しています。チャレンジしてみてください。

　なお、本書の出版には、井田洋二代表取締役社長、猪腰くるみさん、浅見忠仁さんに大変お世話になりました。ここに感謝の意を述べたいと思います。

船田秀佳

目　次

I．中国語のしくみ　…………………………………………………　9

1．第1日　発音編………………………………………………………　10
2．第2日　我是小泉京香（私は小泉京香です）………………………　20
　　　　　　"是"の用法
　　　　　　力だめし　………………………………………………　26
3．第3日　你的生日几月几号？（あなたの誕生日はいつですか？）………　28
　　　　　　"的"の用法（I）／親族名称
　　　　　　力だめし　………………………………………………　34
4．第4日　这把雨伞是我的（この傘は私のです）……………………　36
　　　　　　指示代名詞／量詞
　　　　　　力だめし　………………………………………………　42
5．第5日　优香非常好看（優香はとても美人です）…………………　44
　　　　　　形容詞の述語・限定用法／存在の表現
　　　　　　力だめし　………………………………………………　50
● **ディクテーション(I)**　………………………………………………　51

6．第6日　我喝老酒（私はラオチューを飲みます）…………………　52
　　　　　　「主語＋動詞＋目的語」構文
　　　　　　「主題＋叙述」構文
　　　　　　力だめし　………………………………………………　58
7．第7日　他有两个孩子（彼には子供が2人います）………………　60
　　　　　　基本動詞"有"、"给"、"要"及び他の動詞の用法
　　　　　　力だめし　………………………………………………　66
8．第8日　我想去中国（私は中国へ行きたいです）…………………　68
　　　　　　助動詞の用法
　　　　　　力だめし　………………………………………………　74
9．第9日　昨天是星期一（きのうは月曜日でした）…………………　76
　　　　　　過去の表現／未来の表現
　　　　　　力だめし　………………………………………………　82

10. 第10日 她跳得很好（彼女は踊りがうまいです）………………… 84
　　　　　　補語（程度・結果・方向）の用法
　　　　　　力だめし ……………………………………………… 90
● ディクテーション（Ⅱ）………………………………………… 91

11. 第11日 我在听音乐（私は音楽を聴いています）……………… 92
　　　　　　進行の表現／持続の表現／否定表現
　　　　　　力だめし ……………………………………………… 98
12. 第12日 我去过上海（私は上海へ行ったことがあります）…… 100
　　　　　　現在完了形（完了・結果・経験・継続）の用法／
　　　　　　瞬間相の表現／"的"の用法（Ⅱ）
　　　　　　力だめし ……………………………………………… 106
13. 第13日 他是昨天去的（彼はきのう行きました）……………… 108
　　　　　　"是…的"構文／"把"構文／付加疑問文
　　　　　　力だめし ……………………………………………… 114
14. 第14日 中文比英文难（中国語は英語より難しいです）……… 116
　　　　　　比較表現／受け身表現／使役表現
　　　　　　力だめし ……………………………………………… 122
● ディクテーション（Ⅲ）………………………………………… 123

Ⅱ．すぐに使える表現 …………………………………………… 125

《機能別表現》
1．あいさつの表現………………………………………………… 126
　　出会いのあいさつ／別れのあいさつ
2．紹介の表現……………………………………………………… 130
　　自己紹介
　　紹介を切り出す／名前／紹介のあいさつ／誕生年・年齢／身分・職業／趣味
　　家族紹介
3．相手を知る表現………………………………………………… 138
4．感謝の表現……………………………………………………… 140
5．謝罪の表現……………………………………………………… 142
6．好き嫌いの表現………………………………………………… 144

7．欲求の表現……………………………………………… 146
8．認知の表現……………………………………………… 148
9．提案の表現……………………………………………… 150
10．命令の表現……………………………………………… 152
11．依頼の表現……………………………………………… 154
12．許可の表現……………………………………………… 156
13．理由の表現……………………………………………… 158
14．時間の表現……………………………………………… 161
15．確率の表現……………………………………………… 165
16．祝福の表現……………………………………………… 167

《トピック別表現》
1．生理状態の表現………………………………………… 168
2．天候の表現……………………………………………… 170
3．中国語学習についての表現…………………………… 172
4．機内・入国の表現 ……………………………………… 175
　　機内／入国
5．乗り物を利用する時の表現…………………………… 177
　　タクシー／バス／鉄道／飛行機
6．ホテルでの表現………………………………………… 181
7．道を尋ねる時の表現…………………………………… 183
8．買い物の表現…………………………………………… 186
　　店の場所を尋ねる／いろいろな店で使える表現／衣料品を買う／食料品を買う／書籍類を買う／文具・事務用品を買う／薬を買う／骨董品を買う
9．食事の表現……………………………………………… 197
　　レストントランで／ファーストフード店で
10．電話の表現……………………………………………… 203
11．銀行・郵便局での表現………………………………… 206
12．観光の表現……………………………………………… 209
13．トラブル時の表現……………………………………… 211

Ⅲ．基本単語プチ辞典 …………………………………………… 213

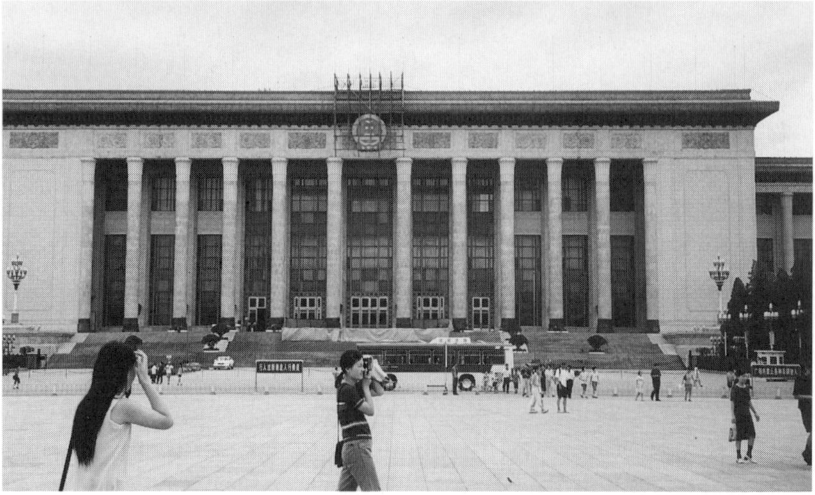

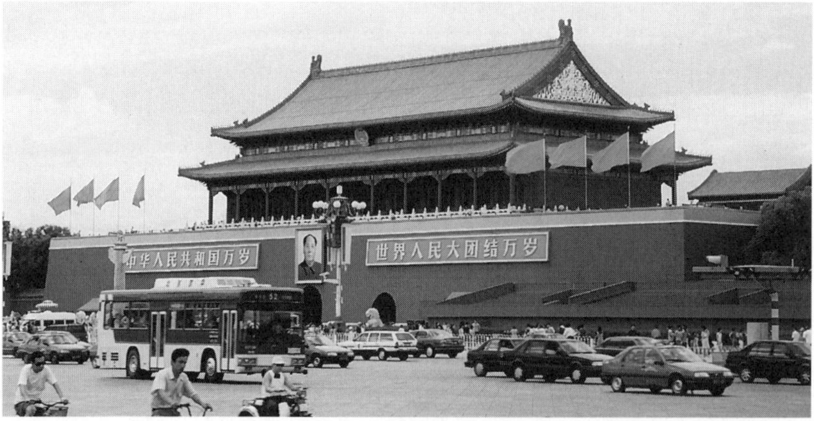
中华人民共和国万岁
世界人民大团结万岁

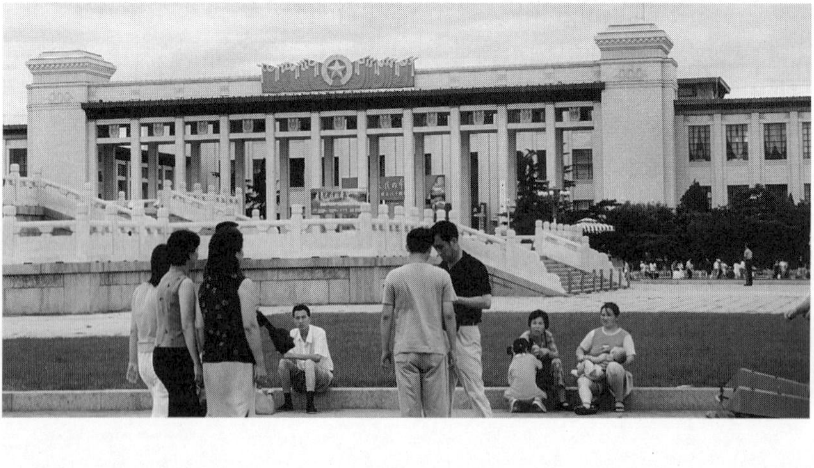

Ⅰ．中国語のしくみ

　発音から始めて、基本的な文法項目を2週間でひと通り学習できるようにまとめてあります。これだけは、是非、頭に入れておいて欲しいという重要項目ですので、しっかりと勉強してください。

　勉強のコツは、まず、さらっと読み終えること。その後は、何度も音読を繰り返しながら、読み込むことです。どの文章も最低50回は音読してください。決してラクをしようと思わないことです。

　基礎的なことを徹底的に反復する心構えを持つことが大切です。これこそが、中国語を吸収する核になるからです。

第1日　発音編

I．声調とは？

　中国語の音節（漢字）ごとにある音の高低変化を「声調」と言います。声調によって語の意味が区別されますから、会話においては最重要ポイントになります。

　声調を1週間でマスターする人もいれば、1年経っても身に付けられない人とさまざまですが、充分な時間を割いて練習することが必要です。

　声調は、基本的に4種類あります。よく使われる例で見てみましょう。

《4声》	《声の調子》	《例》
第1声	高く平らのまま伸ばす	mā（妈：お母さん）
第2声	急に上昇させる	má（麻：麻）
第3声	出だしは低く抑え徐々に上昇させる	mǎ（马：馬）
第4声	急に下降する	mà（骂：罵る）

◎ 〈a〉の上に付いているのが声調記号です。母音の上に付けられていますが、軽声（他の声調の後に、あいまい母音のように短く力を抜いて軽く添えられる音）には付けられません。

　　　māma（妈妈：お母さん）　bàba（爸爸：お父さん）

◎ 単語を見たら、次の図を頭に思い浮かべながら声調の練習をするといいでしょう。

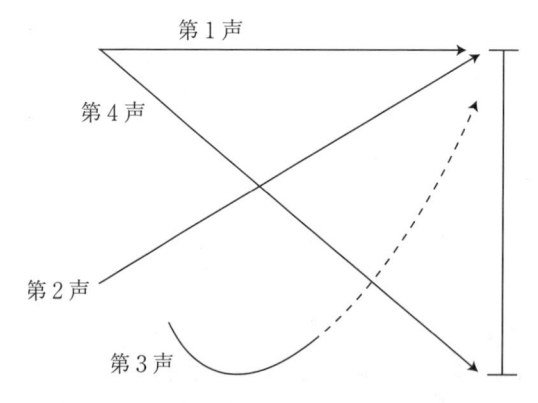

Ⅱ．基本7母音

　　母音とは声帯を振動させて出す音で、唇、歯、舌などの発音器官によってその発声が邪魔されない音のことです。6つの単母音と1つのそり舌母音とを合わせて、基本7母音としておきましょう。

　　日本語のカタカナ音をあげておきますので、音の感じをつかむうえでのヒントにして下さい。しかし、あくまで参考であり、実際の音を何度も聞いて発音練習して下さい。

3　1．単母音

　　a：口を大きく開けて《ア》
　　o：唇を丸めて《オ》
　　e：唇を左右に引き《エ》の状態で《オ》
　　i：唇を左右に引き力を入れて《イ》
　　u：唇を丸めて突き出して《ウ》
　　ü：唇をすぼめて《ユ》の状態で《イ》

4　2．そり舌母音

　　er：舌先をそりあげて《アール》

これらの音に四声を添えて発音練習してみましょう。

(1)	ā	á	ǎ	à
(2)	ō	ó	ǒ	ò
(3)	ē	é	ě	è
(4)	ī	í	ǐ	ì
(5)	ū	ú	ǔ	ù
(6)	ǖ	ǘ	ǚ	ǜ
(7)	ēr	ér	ěr	èr

Ⅲ．複合母音

単母音が連続しているものです。二重母音、三重母音を練習しましよう。声調を添えた音の発声練習は自分でして下さい。

1．二重母音

（1）ai《アィ》　　　（2）ei《エィ》　　　（3）ao《アォ》
（4）ou《オゥ》　　　（5）ia《ィア》　　　（6）ie《ィエ》
（7）ua《ゥア》　　　（8）uo《ウォ》　　　（9）ue《ユエ》

2．三重母音

（1）iao《イァオ》　　（2）iou《イオゥ》　　（3）uai《ゥアイ》
（4）uei《ウェイ》

Ⅳ．鼻音尾母音

母音の後に"n"、"ng"を伴ったものです。"n"、"ng"の発音の仕方がポイントになりますので、まず確認しましょう。

"n"：舌先を上の歯茎に押し当て鼻から息を抜く。案内の《ン》
"ng"：舌はあげず奥で響かせて鼻から息を抜く。案外の《ン》

		〈n〉		〈ng〉
（1）	an	《アン》	ang	《アン》
（2）	en	《エン》	eng	《オン》
（3）	ian	《イエン》	iang	《イアン》
（4）	uan	《ウアン》	uang	《ウアン》
（5）	un	《ウン》	ong	《オン》
（6）	ün	《ユン》	iong	《ユン》
（7）	in	《イン》	ing	《ユン》
（8）	üan	《ユアン》		

V. 子音

　子音とは声帯を振動させて出す音で唇、歯、舌などの発音器官によって、破裂、摩擦、閉鎖などの現象が起こされて作られるものです。

　音節の初めに付く子音は21あります。調音点（発音器官のどの部分が使われるか）によって、次のように分類されます。

	破裂音		鼻音	摩擦音		側音
	無声		有声	無声	有声	有声
	無気音	有気音				
両唇	b	p	m			
唇／歯				f		
舌尖／歯茎	d	t	n			l
後舌面／軟口蓋	g	k		h		
前舌面／硬口蓋	j	q		x		
舌尖／硬口蓋	zh	ch		sh	r	
舌端／歯茎	z	c		s		

◎ ／は発音器官の接触または接近を示します。

◎ 有気音とは音を出す前に息をためておき、一気に吐き出して発音される音です。分かりやすい例をあげましょう。

　女優の藤原紀香さんが、「イチ、サン、パー」と言っていたビールのコマーシャルを思い出して下さい。「パー」がまさに有気音です。

　中国語では、有気音か無気音かで語の意味が違ってしまいますので練習にはタップリと時間をかけましょう。「パ、ピ、プ、ペ、ポ」の音で、ローソクの火が消せるまで練習して下さい。

◎ （　）内の母音は、発音練習のために添えてあります。

　すべて第1声として高く平らに伸ばして発音しましょう。

◎ zh、ch、sh、rの4つはそり舌音です。しっかり練習しましょう。

b (o)：唇をしっかり閉じた後、無気音の《ポー》
p (o)：唇をしっかり閉じた後、有気音の《ポー》
m (o)：唇をしっかり閉じた後、《モー》
f (o)：上の歯を下唇に押しあてて《フォー》
d (e)：舌先を上の歯茎にあてた後、無気音の《トー》
t (e)：舌先を上の歯茎にあてた後、有気音の《トー》
n (e)：舌先を上の歯茎にあてた後、《ノー》
l (e)：舌先を上の歯茎にあてた後、《ロー》
g (e)：喉の奥に力を入れて無気音の《コー》
k (e)：喉の奥に力を入れて有気音の《コー》
h (e)：息を吐き出すつもりで《ハー》と《ホー》の中間音
j (i)：力を入れて口を左右に引きながら無気音の《チー》
q (i)：力を入れて口を左右に引きながら有気音の《チー》
x (i)：力を入れて口を左右に引きながら《シー》
zh (i)：舌先を上の歯茎の少し奥にあてて無気音の《チー》
ch (i)：舌先を上の歯茎の少し奥にあてて有気音の《チー》
sh (i)：舌先を上の歯茎に近づけて《シー》
r (i)：舌先を上の歯茎に近づけて《ジー》
z (i)：舌先を下の歯茎に近づけて《ツー》
c (i)：舌先を下の歯茎に近づけて有気音の《ツー》
s (i)：舌先を下の歯茎に近づけて《スー》

Ⅵ. 声調変化

2つの音節が連続している語や表現は、表記上の発音と実際の発音とが異なります。次のルールを覚えておきましょう。

1．第3声が連続した時

◇ 第3声が連続した語や表現は、前の第3声は第2声として発音されます。

〈発音表記〉〈実際の発音〉

Nǐ hǎo	Ní hǎo	你好。（こんにちは）
yǔsǎn	yúsǎn	雨伞。（傘）

2．"不"〈bù〉の声調変化

◇ "不"の後ろに第4声が続くと、〈bù〉（第4声）が〈bú〉（第2声）として発音されます。第1声から第3声が続いても変化しません。

（1） bù tīng 不 听（聴かない）
（2） bù báo 不 薄（薄くない）
（3） bù hǎo 不 好（よくない）
（4） bú dà 不 大（大きくない）

3．"一"〈yī〉の声調変化

◇ "一"の後ろに第4声及び軽声が続くと、〈yī〉は第2声に、第1声から第3声までが続くと第4声として発音されます。

（1） yì fēn 一 分（1分）
（2） yì nián 一 年（1年）
（3） yì miǎo 一 秒（1秒）
（4） yí kè 一 刻（15分間）
　　　 yí ge 一 个（1つ）

Ⅶ. 基礎語彙発音練習

個々の音と声調に注意して基礎語彙を発音してみましょう。

1. 数字

零	一	二	三	四	五	六	七	八	九	十
líng	yī	èr	sān	sì	wǔ	liù	qī	bā	jiǔ	shí

十一	十二	十三	十四	十五	十六
shíyī	shí'èr	shísān	shísì	shíwǔ	shíliù

十七	十八	十九	二十	二十一	二十二	…
shíqī	shíbā	shíjiǔ	èrshí	èrshiyī	èrshi'èr	

九十九	一百	一百一	…	一千	…	一万	…	一亿	…
jiǔshijiǔ	yìbǎi	yìbǎiyī		yìqiān		yíwàn		yíyì	

◇ "零"〈líng〉はゼロです。
◇ 3音節数字では、"十"〈shí〉は軽声になります。

2. 月

一月	二月	三月	四月	五月	六月
yīyuè	èryuè	sānyuè	sìyuè	wǔyuè	liùyuè

七月	八月	九月	十月	十一月	十二月
qīyuè	bāyuè	jiǔyuè	shíyuè	shíyīyuè	shí'èryuè

◇ 数字を読む時は"一"〈yī〉は第1声のままです。

3．日にち

一号	二号	三号	四号	五号	六号
yī hào	èr hào	sān hào	sì hào	wǔ hào	liù hào

七号	八号	九号	十号	十一号	十二号
qī hào	bā hào	jiǔ hào	shí hào	shíyī hào	shí'èr hào

十三号	十四号	十五号	十六号	十七号	十八号
shísān hào	shísì hào	shíwǔ hào	shíliù hào	shíqī hào	shíbā hào

十九号	二十号	二十一号	二十二号	二十三号	二十四号
shíjiǔ hào	èrshí hào	èrshiyī hào	èrshi'èr hào	èrshisān hào	èrshisì hào

二十五号	二十六号	二十七号	二十八号	二十九号	三十号
èrshiwǔ hào	èrshiliù hào	èrshiqī hào	èrshibā hào	èrshijiǔ hào	sānshí hào

三十一号
sānshiyī hào

◇ 文語では"号"の代わりに"日"〈rì〉を用います。

4．曜日

星期一	星期二	星期三	星期四	星期五	星期六
xīngqīyī	xīngqī'èr	xīngqīsān	xīngqīsì	xīngqīwǔ	xīngqīliù
（月曜日）	（火曜日）	（水曜日）	（木曜日）	（金曜日）	（土曜日）

星期日／星期天
xīngqīrì／xīngqītiān

　　（日曜日）

◇ "星期"〈xīngqī〉の代わりに、"礼拜"〈lǐbài〉という言い方もあります。

5．時刻

1：00	一点（钟）	yì diǎn (zhōng)
2：00	两点（钟）	liǎng diǎn (zhōng)
3：00	三点（钟）	sān diǎn (zhōng)
3：03	三点零三分	sān diǎn líng sān fēn
3：15	三点一刻	sān diǎn yí kè
	三点十五分	sān diǎn shíwǔ fēn
3：30	三点半	sān diǎn bàn
	三点三十分	sān diǎn sānshí fēn
3：45	三点三刻	sān diǎn sān kè
	三点四十五分	sān diǎn sìshiwǔ fēn
3：55	三点五十五分	sān diǎn wǔshiwǔ fēn
	差五分四点	chà wǔ fēn sì diǎn
4：00	四点（钟）	sì diǎn (zhōng)
5：00	五点（钟）	wǔ diǎn (zhōng)
6：00	六点（钟）	liù diǎn (zhōng)
7：00	七点（钟）	qī diǎn (zhōng)
8：00	八点（钟）	bā diǎn (zhōng)
9：00	九点（钟）	jiǔ diǎn (zhōng)
10：00	十点（钟）	shí diǎn (zhōng)
11：00	十一点（钟）	shíyī diǎn (zhōng)
12：00	十二点（钟）	shí'èr diǎn (zhōng)

◇ 2時は"两点"で"二点"ではありません。

◇ 10分未満の時は、"零"が必要です。

◇ "差"〈chà〉は不足しているという意味です。3時55分は、「4時に5分不足している」つまり、「4時5分前」です。

◇ 秒は"秒"〈miǎo〉です。

◇ 「何時何分ですか？」は、"几 点 几 分？"〈jǐ diǎn jǐ fēn〉となります。"几"は「いくつ」と数を尋ねる疑問詞です。

6．西暦

| 一九四〇 年 | 一九五〇 年 | 一九五二 年 |
| yījiǔsìlíng nián | yījiǔwǔlíng nián | yījiǔwǔ'èr nián |

| 一九五八 年 | 一九六〇 年 | 一九七七 年 |
| yījiǔwǔbā nián | yījiǔliùlíng nián | yījiǔqīqī nián |

| 一九九九 年 | 二〇〇〇 年 | 二〇〇一 年 |
| yījiǔjiǔjiǔ nián | èrlínglínglíng nián | èrlínglíngyī nián |

| 二〇〇二 年 | 二〇〇五 年 | 二〇〇九 年 |
| èrlínglíngèr nián | èrlínglíngwǔ nián | èrlínglíngjiǔ nián |

| 二〇一〇 年 | 二〇二〇 年 | 二〇三〇 年 |
| èrlíngyīlíng nián | èrlíngèrlíng nián | èrlíngsānlíng nián |

◇ 西暦は数字をそのまま読みます。

7．生活に密着した動詞

（1）起床 qǐchuáng：起きる　（2）吃 chī：食べる
（3）工作 gōngzuò：仕事する　（4）睡 shuì：眠る
（5）走 zǒu：歩く　（6）跑 pǎo：走る
（7）来 lái：来る　（8）去 qù：行く
（9）看 kàn：見る　（10）买 mǎi：買う

8．あいさつ

（1）早上 好。　Zǎoshang hǎo.（おはよう。）
（2）你 好 妈？　Nǐ hǎo ma?（元気ですか？）
（3）晚上 好。　Wǎnshang hǎo.（こんばんは。）
（4）再见。　Zàijiàn.（さようなら）
（5）明天 见。　Míngtiān jiàn.（また明日。）

第2日　我　是　小泉　京香
《私は小泉京香です》

●学習のポイント

「日々是精進」「平常心是道」などの言い方でお馴染みの"是"〈shì〉は、繋辞（けいじ）と呼ばれる連結動詞です。

"A＋是＋B"《A、Bは名詞（句）》で、「AはBである」という意味を表します。英語の"be"動詞に似た働きをしますが、Aの人称、数、時制によって"是"自体は変化しません。

まず、中国語の人称代名詞をチェックしたあと、例文を見てみましょう。

	単数	複数
一人称	我 wǒ （私）	我们 wǒmen （私たち） 咱们 zánmen （私たち）
二人称	你 nǐ （あなた） 您 nín （あなた）	你们 nǐmen （あなたたち）
三人称	他 tā （彼） 她 tā （彼女） 它 tā （それ）	他们 tāmen （彼ら） 她们 tāmen （彼女ら） 它们 tāmen （それら）

（注）①目的格の人称代名詞も同一の形。
　　　②"咱们"は聞き手を含めた「私たち」。
　　　③"您"は"你"の敬称。
　　　④"他们"は男女混成の複数形にも用いられます。
　　　⑤"它"、"它们"は人間以外の動物や事柄を指します。

平叙文　**他　是　学生。**（彼は学生です。）
　　　　Tā　shì　xuésheng.

否定文　**他　不　是　学生。**（彼は学生ではありません。）
　　　　Tā　bú　shì　xuésheng.

◎ 否定文は、"不"（bù）を"是"の前に置いて作ります。"不"のあとに第４声の"是"がくるので、"不"は第２声（bú）になります。

疑問文
　疑問文には次の２つのタイプがあります。

　　タイプ《１》 他 是 学生 吗？　（彼は学生ですか。）
　　　　　　　　Tā　shì　xuésheng ma？

◎ 文末に"吗"（ma）を置くタイプで、諾否疑問文と呼ばれるものです。答え方も覚えましょう

　　肯定：〈１〉　是。（はい。）
　　　　　　　　Shì.

　　　　〈２〉　是，他 是 学生。（はい、彼は学生です。）
　　　　　　　Shì,　tā　shì xuésheng.

　　否定：〈１〉　不 是。（いいえ。）
　　　　　　　　Bú　shì

　　　　〈２〉　不 是，他 不 是 学生。（いいえ、彼は学生ではありません。）
　　　　　　　Bú　shì,　tā　bú　shì xuésheng.

　　タイプ《２》 他 是 不 是 学生？　（彼は学生ですか。）
　　　　　　　　Tā　shì　bu　shi xuésheng？

◎ 肯定形（是）と否定形（不是）を連続させるタイプで、反復疑問文と呼ばれるものです。否定形の部分は軽声か軽声に準じて発音されます。
◎ 答えは、肯定形か否定形のいずれか一方を使います。

　　肯定：是。（はい。）　否定：不 是。（いいえ。）
　　　　　Shì　　　　　　　　Bú　shì

例文チェック

12	1	我 是 小泉 京香。 Wǒ shì Xiǎoquán Jīngxiāng.	私は小泉京香です。
	2	我 是 日本人。 Wǒ shì Rìběnrén.	私は日本人です。
	3	他 是 美国人。 Tā shì Měiguórén.	彼はアメリカ人です。
	4	她 是 法国人。 Tā shì Fǎguórén.	彼女はフランス人です。
	5	我们 是 中国人。 Wǒmen shì Zhōngguórén.	私たちは中国人です。
	6	他们 是 加拿大人。 Tāmen shì Jiānádàrén.	彼らはカナダ人です。
	7	我 是 北京人。 Wǒ shì Běijīngrén.	私は北京出身です。
	8	他 是 伦敦人。 Tā shì Lúndūnrén.	彼はロンドンっ子です。
	9	你 是 哪 国 人？ Nǐ shì nǎ guó rén？	お国はどちらですか？ ★"哪"〈nǎ〉：どちらの（疑問詞）。
	10	我 是 医生。 Wǒ shì yīshēng.	私は医者です。
	11	他 是 司机。 Tā shì sījī.	彼は運転手です。
	12	他 是 新闻 记者。 Tā shì xīnwén jìzhě.	彼はジャーナリストです。
	13	她 是 护士。 Tā shì hùshi.	彼女は看護婦です。
	14	我 不 是 英国人。 Wǒ bú shì Yīngguórén.	私はイギリス人ではありません。
	15	我们 不 是 韩国人。 Wǒmen bú shì Hánguórén.	私たちは韓国人ではありません。
	16	他 不 是 俄国人。 Tā bú shì Éguórén.	彼はロシア人ではありません。

17	他 不 是 律师。 Tā bú shì lǜshī.	彼は弁護士ではありません。
18	她 不 是 播音员。 Tā bú shì bōyīnyuán.	彼女はアナウンサーではありません。
19	你 是 山田 先生 吗？ Nǐ shì Shāntián xiānsheng ma?	山田さんですか？ ★"先生"〈xiānsheng〉：…さん。男性に対する敬称。
20	你 是 布朗 夫人 吗？ Nǐ shì Bùlǎng fūrén ma?	ブラウンさんですか？ ★"夫人"〈fūrén〉：…さん。既婚女性に対する敬称。未婚女性に対しては、"小姐"〈xiǎojie〉を用います。
21	他 是 哈里 波特。 Tā shì Hālǐ Bōtè.	彼はハリー・ポッターです。
22	A：他 是 谁？ 　　Tā shì shéi? B：他 是 杰克。 　　Tā shì Jiékè.	A：彼は誰ですか？ B：彼はジャックです。 ★"谁"〈shéi〉（やや文語体の発音は、〈shuí〉）：誰、どなた。
23	A：她 是 谁？ 　　Tā shì shéi? B：她 是 玛丽 史密斯。 　　Tā shì Mǎlì Shǐmìsī.	A：彼女は誰ですか？ B：彼女はメアリー・スミスです。
24	谁 是 留学生？ Shéi shì liúxuéshēng?	誰が留学生ですか？
25	你 是 上海人 吗？ Nǐ shì Shànghǎirén ma?	あなたは上海出身ですか？
26	他 是 意大利人 吗？ Tā shì Yìdàlìrén ma?	彼はイタリア人ですか。
27	他们 是 俄国人 吗？ Tāmen shì Éguórén ma?	彼らはロシア人ですか？
28	你 是 不 是 厨师？ Nǐ shì bu shi chúshī?	あなたはコックですか？
29	约翰 是 工程师 吗？ Yuēhàn shì gōngchéngshī ma?	ジョンはエンジニアですか？
30	我 也 是 学生。 Wǒ yě shì xuésheng.	私も学生です。 ★"也"〈yě〉：…も。

31	她 也 是 德国人。 Tā yě shì Déguórén.	彼女もドイツ人です。
32	你 也 是 日本人 吗？ Nǐ yě shì Rìběnrén ma?	あなたも日本人ですか？
33	他们 都 是 西班牙人。 Tāmen dōu shì Xībānyárén.	彼らはみなスペイン人です。 ★ "都"〈dōu〉：みな。
34	我们 都 是 朋友。 Wǒmen dōu shì péngyou.	私たちはみな友達です。
35	我们 都 不 是 日本人。 Wǒmen dōu bú shì Rìběnrén.	私たちはみな日本人ではありません。
36	我们 不 都 是 日本人。 Wǒmen bù dōu shì Rìběnrén.	私たちはみな日本人というわけではありません。 ★ "都＋不"で完全否定に、"不＋都"で部分否定になります。
37	他 好像 是 越南人。 Tā hǎoxiàng shì Yuènánrén.	彼はベトナム人のようです。 ★ "好像"〈hǎoxiàng〉：…みたいだ。
38	你 是 日本人 还是 Nǐ shì Rìběnrén háishi 中国人？ Zhōngguórén?	あなたは日本人ですかそれとも中国人ですか？ ★ "还是"〈háishi〉：それとも。 ★ "A＋是＋B＋还是＋C"？で、「AはBですかそれともCですか」の選択疑問文です。
39	他 是 广东人 还是 Tā shì Guǎngdōngrén háishi 香港人？ Xiānggǎngrén?	彼の出身は広東ですか香港ですか？
40	他 是 医生 还是 律师？ Tā shì yīshēng háishi lǜshī?	彼は医者ですか弁護士ですか？
41	今天（是）星期三。 Jīntiān (shì) xīngqīsān.	今日は水曜日です。
42	明天（是）十月 二十一 Míngtiān (shì) shíyuè èrshiyī 号。 hào.	明日は10月21日です。

43	今天（是）十月 二十一 号， Jīntiān (shì) shíyuè èrshiyī hào, 星期三。 xīngqīsān.	今日は 10 月 21 日水曜日です。
	★月日を表す時は、"是"はよく省略されます。 ★次の表現も覚えましょう。 　今天　星期　几？今日は何曜日ですか？ 　Jīntiān xīngqī jǐ? 　今天　几　月　几　号？今日は何月何日ですか？ 　Jīntiān jǐ yuè jǐ hào?	
44	今天 不 是 八月 八 号。 Jīntiān bú shì bāyuè bā hào.	今日は 8 月 8 日ではありません。
45	明天 不 是 星期五。 Míngtiān bú shì xīngqīwǔ.	明日は金曜日ではありません。
46	明天 星期六 吗？ Míngtiān xīngqīliù ma?	明日は土曜日ですか？
47	明天 是 星期三 还是 Míngtiān shì xīngqīsān háishi 星期四？ xīngqīsì?	明日は水曜日ですか木曜日ですか？
48	王 老师（是）四十 岁 Wáng lǎoshī (shì) sìshí suì 左右。 zuǒyòu.	王先生は 40 歳くらいです。 ★年齢を表す時も、"是"はよく省略されます。 ★"左右"〈zuǒyòu〉：約、前後。
49	我 不 是 五十 岁。 Wǒ bú shì wǔshí suì.	私は 50 歳ではありません。 ★否定文では"是"は省略できません。
50	我 今年 不 是 三十 岁， Wǒ jīnnián bú shì sānshí suì, 是 三十一 岁。 shì sānshiyī suì.	私は今年 30 歳ではなくて 31 歳です。

力だめし

A．次の中国語を日本語に訳しなさい。

1．你 是 美国人 还是 英国人？
　　Nǐ　shì　Měiguórén　háishi　Yīngguórén？

　_____

2．你 也 是 学生 吗？
　　Nǐ　yě　shì　xuésheng　ma？

　_____

3．他们 都 不 是 日本人。
　　Tāmen　dōu　bú　shì　Rìběnrén.

　_____

B．次の日本語を中国語に訳しなさい。

1．彼はスペイン人です。

　_____

2．彼女は医者ではありません。

　_____

3．あなたは香港出身ですか？

　_____

4．あなたは中国人ですかそれとも韓国人ですか？

　_____

C．次の日本語の意味になるように空所に適語を入れなさい。

1．今日は金曜日ではありません。
　　今天（　　　）（　　　）星期五。

2．彼女は看護婦ですか？
　　她（　　　）护士（　　　）？

3．彼らはみなフランス人というわけではありません。
　　他们（　　　）（　　　）（　　　）法国人。

26

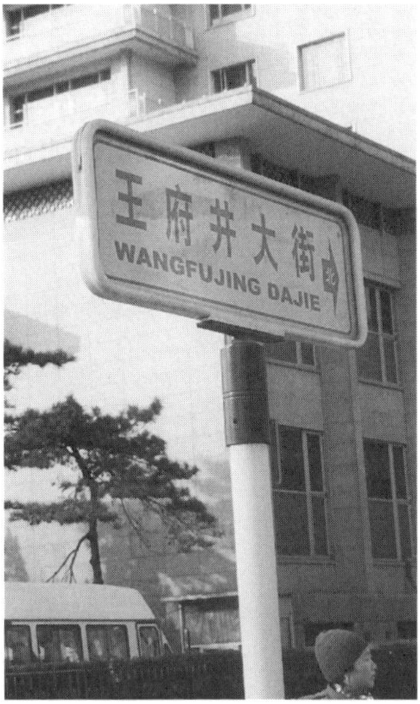
王府井大街
WANGFUJING DAJIE

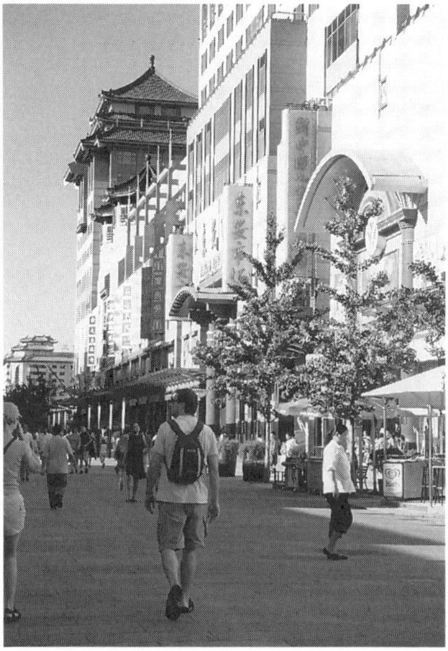

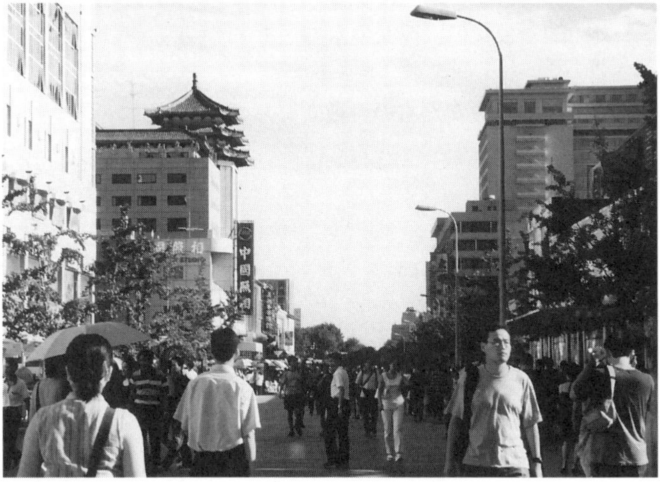

第3日　你 的 生日 几月 几号?
《あなたの誕生日はいつですか？》

●学習のポイント

1. 名詞の後ろに構造助詞の"的"〈de〉を付けると、所有、所属、親族関係を表すことができます。次の3パターンを見てみましょう。

《1》人称代名詞＋的

　　我＋的 ──→ **我 的**：私の、私のもの
　　　　　　　　wǒ　de

　　我们＋的 ──→ **我们 的**：私たちの、私たちのもの
　　　　　　　　　wǒmen　de

　　你＋的 ──→ **你 的**：あなたの、あなたのもの
　　　　　　　　nǐ　de

　　你们＋的 ──→ **你们 的**：あなたたちの、あなたたちのもの
　　　　　　　　　nǐmen　de

　　他＋的 ──→ **他 的**：彼の、彼のもの
　　　　　　　　tā　de

　　他们＋的 ──→ **他们 的**：彼らの、彼らのもの
　　　　　　　　　tāmen　de

　　她＋的 ──→ **她 的**：彼女の、彼女のもの
　　　　　　　　tā　de

　　她们＋的 ──→ **她们 的**：彼女たちの、彼女たちのもの
　　　　　　　　　tāmen　de

　　它＋的 ──→ **它 的**：その
　　　　　　　　tā　de

　　它们＋的 ──→ **它们 的**：それらの
　　　　　　　　　tāmen　de

《2》人称代名詞＋的＋名詞

- 我 的 词典（私の辞書）
  wǒ de cídiǎn
- 你 的 毛衣（あなたのセーター）
  nǐ de máoyī
- 他 的 课本（彼の教科書）
  tā de kèběn
- 她 的 帽子（彼女の帽子）
  tā de màozi
- 我们 的 教室（私たちの教室）
  wǒmen de jiàoshì
- 他们 的 意见（彼らの意見）
  tāmen de yìjian

◎ 修飾される名詞が親族や所属関係、親しい間柄を表す時は、"的"はよく省略されます。

- 我 爸爸（私の父）
  wǒ bàba
- 我们 学校（私たちの学校）
  wǒmen xuéxiào
- 他 朋友（彼の友達）
  tā péngyou
- 他们 公司（彼らの会社）
  tāmen gōngsī

《3》名詞＋的＋名詞

- 北京 的 夏天（北京の夏）
  Běijīng de xiàtiān
- 图书馆 的 书（図書館の本）
  túshūguǎn de shū
- 日本 的 人口（日本の人口）
  Rìběn de rénkǒu
- 中国 的 印象（中国の印象）
  Zhōngguó de yìnxiàng

2. 中国語の基本的な親族名称を覚えましょう。

祖父 [爷爷]：父の父
zǔfù yéye

祖母 [奶奶]：父の母
zǔmǔ nǎinai

外祖父 [老爷]：母の父
wàizǔfù lǎoye

外祖母 [姥姥]：母の母
wàizǔmǔ lǎolao

父亲 [爸爸]：父
fùqin bàba

母亲 [妈妈]：母
mǔqin māma

哥哥：兄   弟弟：弟
gēge   dìdi

姐姐：姉   妹妹：妹
jiějie   mèimei

妻子：妻   丈夫 夫
qīzi   zhàngfu

爱人：配偶者（夫または妻）
àiren

儿子：息子   女儿：娘
érzi   nǚ'ér

孩子：子供
háizi

[　]内の語は呼びかけにも用いることができます。

例文チェック

13	1	我 爸爸 是 公司 职员。 Wǒ bàba shì gōngsī zhíyuán.	私の父はサラリーマンです。 ★"公司"〈gōngsī〉：会社。
	2	我 妈妈 是 家庭 妇女。 Wǒ māma shì jiātíng fùnǚ.	私の母は主婦です。
	3	我 姐姐 是 大学生。 Wǒ jiějie shì dàxuéshēng.	私の姉は大学生です。
	4	我 哥哥 是 大学 一 年级 学生。 Wǒ gēge shì dàxué yī niánjí xuésheng.	私の兄は大学1年生です。 ★数字を変えれば学年を表せます。
	5	我 弟弟 是 高中 学生。 Wǒ dìdi shì gāozhōng xuésheng.	私の弟は高校生です。
	6	我 妹妹 是 初中 学生。 Wǒ mèimei shì chūzhōng xuésheng.	私の妹は中学生です。
	7	我 外甥女 是 小学生。 Wǒ wàishengnǚ shì xiǎoxuéshēng.	私の姪は小学生です。 ★"外甥女"〈wàishengnǚ〉：姪（姉または妹の娘）。兄または弟の娘は、"侄女"〈zhínǚ〉。
	8	杰克 是 我 妹妹 的 朋友。 Jiékè shì wǒ mèimei de péngyou.	ジャックは私の妹の友達です。
	9	我 伯父 是 演员。 Wǒ bófù shì yǎnyuán.	私の伯父は俳優です。 ★"伯父"〈bófù〉：父の兄。父の弟は、"叔父"〈shūfù〉、母の兄あるいは弟は、"舅父"〈jiùfù〉、母の姉あるいは妹の夫は、"姨父"〈yífù〉。
	10	我 伯母 是 小学 老师。 Wǒ bómǔ shì xiǎoxué lǎoshī.	私の伯母は小学校の先生です。 ★"伯母"〈bómǔ〉：父の兄の妻。父の弟の妻は、"叔母"〈shūmǔ〉、父の姉あるいは妹は、"姑母"〈gūmǔ〉、母の姉あるいは妹は、"姨母"〈yímǔ〉。
	11	我 表哥 是 翻译。 Wǒ biǎogē shì fānyì.	私のいとこは通訳です。

★ "表哥"〈biǎogē〉母方の年上の男のいとこ。"表兄"〈biǎoxiōng〉とも言います。
「いとこ」は次のように使い分けています。
"堂兄"〈tángxiōng〉（堂哥〈tánggē〉）：父方の年上の男のいとこ
"堂弟"〈tángdì〉　　：父方の年下の男のいとこ
"堂姐"〈tángjiě〉　　：父方の年上の女のいとこ
"堂妹"〈tángmèi〉　：父方の年下の女のいとこ
"表弟"〈biǎodì〉　　：母方の年下の男のいとこ
"表姐"〈biǎojiě〉　　：母方の年上の女のいとこ
"表妹"〈biǎomèi〉　：母方の年下の女のいとこ

12	他 是 我 外甥。 Tā shì wǒ wàisheng.	彼は私の甥です。 ★ "外甥"〈wàisheng〉：姉または妹の息子。兄または弟の息子は、"侄子"〈zhízi〉。"侄儿"〈zhí'er〉とも言います。
13	我 父亲 不 是 警察。 Wǒ fùqin bú shì jǐngchá.	私の父は警察官ではありません。
14	阿兰 是 我 朋友。 Ālán shì wǒ péngyou.	アランは私の友達です。
15	你 姐姐 是 空姐 吗？ Nǐ jiějie shì kōngjiě ma?	あなたのお姉さんはスチュワーデスですか？
16	她 妹妹 是 歌手 吗？ Tā mèimei shì gēshǒu ma?	彼女の妹は歌手ですか？
17	他 是 我们 老师 吗？ Tā shì wǒmen lǎoshī ma?	彼は私たちの先生ですか？
18	约翰 和 罗伯特 是 我 同事。 Yuēhàn hé Luóbótè shì wǒ tóngshì.	ジョンとロバートは私の同僚です。 ★ "和"〈hé〉：…と。（接続詞）
19	玛丽 和 杰克 是 我 朋友。 Mǎlì hé Jiékè shì wǒ péngyou.	メアリーとジャックは私の友達です。
20	谁 是 我们 老师？ Shéi shì wǒmen lǎoshī?	誰が私たちの先生ですか？
21	谁 是 我们 主任？ Shéi shì wǒmen zhǔrèn?	誰が私たちの主任ですか？
22	杰克 是 你 的 同学 吗？ Jiékè shì nǐ de tóngxué ma?	ジャックはあなたのクラスメートですか？
23	他 的 父亲 是 医生 吗？ Tā de fùqin shì yīshēng ma?	彼のお父さんは医者ですか？

24	她 的 母亲 是 女演员。 Tā de mǔqin shì nǚyǎnyuán.	彼女のお母さんは女優です。
25	我 妻子 是 护士。 Wǒ qīzi shì hùshi.	私の妻は看護婦です。
26	花子 是 我 女儿。 Huāzǐ shì wǒ nǚ'ér.	花子は私の娘です。
27	太郎 是 我 儿子。 Tàiláng shì wǒ érzi.	太郎は私の息子です。
28	我 公公 是 推销员。 Wǒ gōnggong shì tuīxiāoyuán.	私の義理の父はセールスマンです。 ★"公公"〈gōnggong〉：妻からみた夫の父。夫からみた妻の父は、"岳父"〈yuèfù〉。
29	我 婆婆 是 中国人。 Wǒ pópo shì Zhōngguórén.	私の義理の母は中国人です。 ★"婆婆"〈pópo〉：妻からみた夫の母。夫からみた妻の母は、"岳母"〈yuèmǔ〉。
30	约翰 是 他们 的 上司。 Yuēhàn shì tāmen de shàngsī.	ジョンが彼らの上司です。
31	你 是 北京 大学 的 学生 吗？ Nǐ shì Běijīng Dàxué de xuésheng ma?	あなたは北京大学の学生ですか？
32	你 是 外语系 的 学生 吗？ Nǐ shì wàiyǔxì de xuésheng ma?	あなたは外国語学部の学生ですか？ ★"系"〈xì〉：学部。
33	我 是 文学系 的 学生。 Wǒ shì wénxuéxì de xuésheng.	私は文学部の学生です。
★次の学部名で置き換え練習をしましょう。 "法律系"〈fǎlùxì〉：法学部 "经济系"〈jīngjìxì〉：経済学部 "教育系"〈jiàoyùxì〉：教育学部 "经营系"〈jīngyíngxì〉：経営学部		
34	你 的 专业 是 什么？ Nǐ de zhuānyè shì shénme?	あなたの専攻は何ですか？ ★"什么"〈shénme〉：何。（疑問詞）
35	我 的 专业 是 语言学。 Wǒ de zhuānyè shì yǔyánxué.	私の専攻は言語学です。

★次の科目名で置き換え練習をしましょう。
"考古学"〈kǎogǔxué〉：考古学　"哲学"〈zhéxué〉　　　：哲学
"经济学"〈jīngjìxué〉：経済学　"化学"〈huàxué〉　　　：化学
"物理学"〈wùlǐxué〉：物理学　"数学"〈shùxué〉　　　：数学
"社会学"〈shèhuìxué〉：社会学　"政治学"〈zhèngzhìxué〉：政治学

36	东京 是 日本 的 首都。 Dōngjīng shì Rìběn de shǒudū.	東京は日本の首都です。

★次の国名と首都名で置き換え練習をしましょう。
"美国"〈Měiguó〉　：アメリカ … "华盛顿"〈Huáshèngdùn〉：ワシントン
"加拿大"〈Jiānádà〉：カナダ　 … "渥太华"〈Wòtàihuá〉　：オタワ
"中国"〈Zhōngguó〉：中国　　 … "北京"〈Běijīng〉　　：北京
"英国"〈Yīngguó〉　：イギリス … "伦敦"〈Lúndūn〉　　：ロンドン
"法国"〈Fǎguó〉　　：フランス … "巴黎"〈Bālí〉　　　：パリ
"德国"〈Déguó〉　　：ドイツ　 … "柏林"〈Bólín〉　　　：ベルリン
"意大利"〈Yìdàlì〉：イタリア … "罗马"〈Luómǎ〉　　　：ローマ

37	中国 是 亚洲 的 国家。 Zhōngguó shì Yàzhōu de guójiā.	中国はアジアの国です。
38	你 的 生日 是 几 月 几 号？ Nǐ de shēngrì shì jǐ yuè jǐ hào?	誕生日はいつですか？
39	我 的 生日 是 三月 五 号。 Wǒ de shēngrì shì sānyuè wǔ hào.	私の誕生日は3月5日です。
40	我 的 血型 是 B 型。 Wǒ de xuèxíng shì Bxíng.	私の血液型はB型です。
41	你 的 爱好 是 什么？ Nǐ de àihào shì shénme?	あなたの趣味は何ですか。
42	我 的 爱好 是 音乐。 Wǒ de àihào shì yīnyuè.	私の趣味は音楽です。
43	他 的 爱好 是 集邮 吗？ Tā de àihào shì jíyóu ma?	彼の趣味は切手収集ですか？

力だめし

A．次の中国語を日本語に訳しなさい。

1. 我 父亲 不 是 警察。
   Wǒ fùqin bú shì jǐngchá.

   _____

2. 我 婆婆 是 中国人。
   Wǒ pópo shì Zhōngguórén.

   _____

3. 谁 是 我们 老师？
   Shéi shì wǒmen lǎoshī?

   _____

B．次の日本語を中国語に訳しなさい。

1. 花子は私の娘です。

   _____

2. 私は文学部の学生です。

   _____

3. ジャックは私の妹の友達です。

   _____

4. 彼のお父さんは医者ですか？

   _____

C．次の日本語の意味になるように空所に適語を入れなさい。

1. パリはフランスの首都です。
   巴黎 是（　　　）（　　　）首都。

2. 私の母は主婦です。
   （　　　）（　　　）是 家庭 妇女。

3. あなたの趣味は何ですか？
   （　　　）（　　　）爱好 是（　　　）？

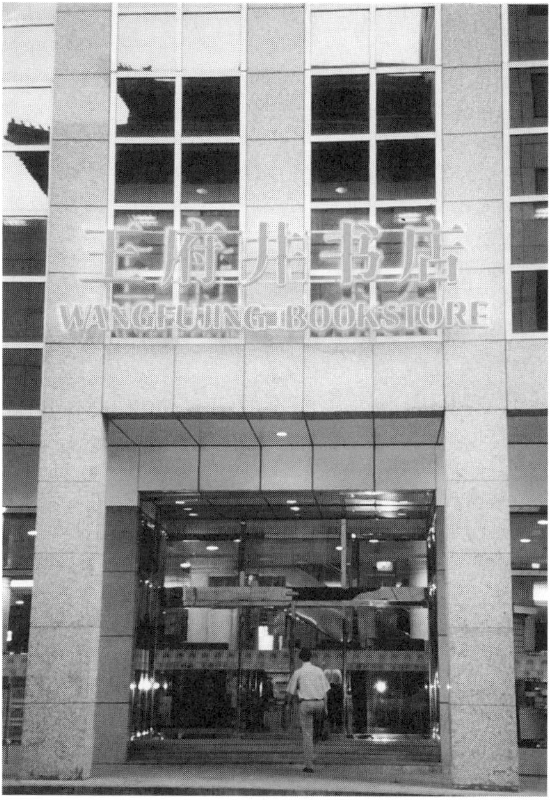
王府井书店
WANGFUJING BOOKSTORE

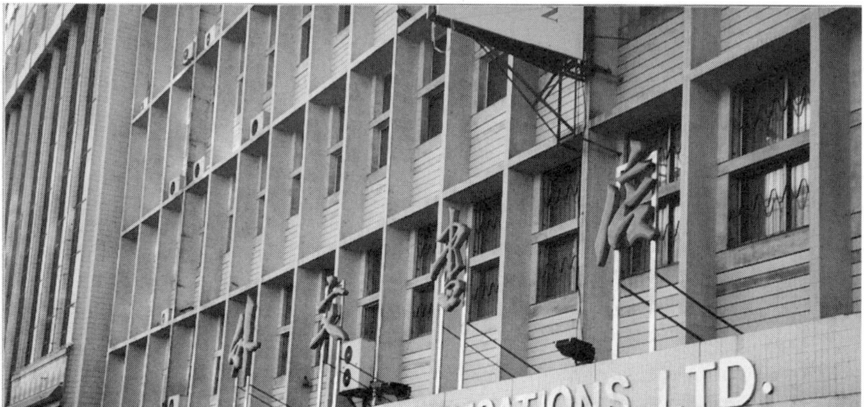
PUBLICATIONS LTD.

第4日　这 把 雨 伞 是 我 的
《この傘は私のです》

●学習のポイント

1. 中国語の指示代名詞の基本的なものは次の通りです。

近称		遠称		疑問
話し手からの 心理的距離が近い		話し手からの 心理的距離が遠い		話し手からの 心理的距離が不定
这 zhè		**那** nà		**哪** nǎ
これ、この	それ、その	あれ、あの		どれ、どの

◇ 心理的な距離はあくまで主観的なものですから、同一の物でも、"这"で指示したり、"那"で指示したりします。
◇ 複数形はそれぞれ"这些"〈zhèxiē〉、"那些"〈nàxiē〉、"哪些"〈nǎxiē〉です。
◇ 繋辞の"是"を連結動詞として用いて、以下の意味を表せます。
● 这 是…。（これは…です。）　● 这些 是…。（これらは…です。）
● 那 是…。（あれは…です。）　● 那些 是…。（あれらは…です。）

〈例文〉
● 这 是 雨伞。（これは傘です。）● 这些 是 雨伞。（これらは傘です。）
● 那 是 书。（あれは本です。）　● 那些 是 书。（あれらは本です。）

主語が複数形になっても、"是"は変化しません。また、名詞は単複同形です。ただし、名詞の数量を表す時は、次のように「数詞＋量詞＋名詞」の語順になります。

两 把 雨伞：2本の傘　　**三 本 书**：3冊の本
liǎng bǎ yǔsǎn　　　　sān běn shū

また、次の語順も頭に入れておきましょう。
指示代名詞（単数形）＋量詞＋名詞

这 把 雨伞：この傘　　**那 本 书**：あの本
zhè bǎ yǔsǎn　　　　nà běn shū

指示代名詞（複数形）＋名詞《名詞の数が不特定の時》
　这些　雨伞：これらの傘　　那些　书：あれらの本
　zhèxiē　yǔsǎn　　　　　　　nàxiē　shū

指示代名詞（単数形）＋数詞＋量詞＋名詞《名詞の数が特定の時》
　这　两　把　雨伞：この２本の傘　　那　三　本　书：あの３冊の本
　zhè liǎng bǎ　yǔsǎn　　　　　　　nà　sān běn shū

◇　2は"两"で"二"は用いません。
◇　指示代名詞として挙げられる"这个"〈zhège〉、"那个"〈nàge〉、"哪个"〈nǎge〉は、数詞が"一"、量詞が"个"の組み合わせで、"一"が省略された形です。口語では、〈zhèige〉、〈nèige〉、〈něige〉と発音されることもあります。

2．よく使われる量詞は名詞と共に覚えておきましょう。

　　量詞　　　　　　　　　　対象とその例
① 个 ge：物全般　　　　　　人 rén（人）、孩子 háizi（子供）、
　　　　　　　　　　　　　　苹果 píngguǒ（リンゴ）
② 张 zhāng：平らな平面を持つもの　纸 zhǐ（紙）、地图 dìtú（地図）
③ 本 běn：書籍類　　　　　　书 shū（本）、杂志 zázhì（雑誌）、词典 cídiǎn（辞書）
④ 架 jià：機械類　　　　　　飞机 fēijī（飛行機）、照相机 zhàoxiàngjī（カメラ）
⑤ 把 bǎ：握り部分のあるもの　雨伞 yǔsǎn（傘）、椅子 yǐzi（椅子）
⑥ 双 shuāng：対になっているもの　鞋 xié（靴）、筷子 kuàizi（箸）
⑦ 辆 liàng：乗り物　　　　　自行车 zìxíngchē（自転車）、汽车 qìchē（自動車）
⑧ 件 jiàn：事柄、衣服類　　　事 shì（事柄）、衣服 yīfu（服）
⑨ 瓶 píng：瓶で数えるもの　　牛奶 niúnǎi（牛乳）、啤酒 píjiǔ（ビール）
⑩ 只 zhī：動物、対になったものの一方　猫 māo（猫）、耳朵 ěrduo（耳）
◇　牛、驢馬には"头"tóu、馬には"匹"pǐ を用います。
⑪ 杯 bēi：容器で数えるもの　咖啡 kāfēi（コーヒー）、茶 chá（お茶）
⑫ 条 tiáo：狭く細長いもの　　河 hé（川）、狗 gǒu（犬）、路 lù（道路）
⑬ 封 fēng：封入されたもの　　信 xìn（手紙）、电报 diànbào（電報）

例文チェック

14	1	这 是 什么？ Zhè shì shénme?	これは何ですか？
	2	那 是 什么？ Nà shì shénme?	あれは何ですか？
	3	这些 是 什么？ Zhèxiē shì shénme?	これらは何ですか？
	4	那些 是 什么？ Nàxiē shì shénme?	あれらは何ですか？
	5	这 是 体育馆。 Zhè shì tǐyùguǎn.	これは体育館です。
	6	那 是 图书馆。 Nà shì túshūguǎn.	あれは図書館です。
	7	这 是 手表。 Zhè shì shǒubiǎo.	これは腕時計です。
	8	那 是 皮包。 Nà shì píbāo.	あれはカバンです。
	9	这 是 中国茶。 Zhè shì Zhōngguóchá.	これは中国茶です。
	10	那 是 日本茶。 Nà shì Rìběnchá.	あれは日本茶です。
	11	这些 是 书。 Zhèxiē shì shū.	これらは本です。
	12	那些 是 花瓶。 Nàxiē shì huāpíng.	あれらは花瓶です。
	13	这 是 我 的 帽子。 Zhè shì wǒ de màozi.	これは私の帽子です。
	14	这 是 我 的 自行车。 Zhè shì wǒ de zìxíngchē.	これは私の自転車です。
	15	这 是 他 的 词典。 Zhè shì tā de cídiǎn.	これは彼の辞書です。
	16	那 是 她 的 手机。 Nà shì tā de shǒujī.	あれは彼女の携帯電話です。

17	那 是 杰克 的 自行车。 Nà shì Jiékè de zìxíngchē.	あれはジャックの自転車です。
18	这 不 是 我 的 雨伞。 Zhè bú shì wǒ de yǔsǎn.	これは私の傘ではありません。
19	那 不 是 餐馆。 Nà bú shì cānguǎn.	あれはレストランではありません。
20	这些 不 是 杂志。 Zhèxiē bú shì zázhì.	これらは雑誌ではありません。
21	那些 不 是 本子。 Nàxiē bú shì běnzi.	あれらはノートではありません。
22	那 不 是 我 的 词典。 Nà bú shì wǒ de cídiǎn.	あれは私の辞書ではありません。
23	这 不 是 我 的 激光唱片。 Zhè bú shì wǒ de jīguāngchàngpiàn.	これは私のCDではありません。
24	这 不 是 你 的 收音机。 Zhè bú shì nǐ de shōuyīnjī.	これはあなたのラジオではありません。
25	那 不 是 他 的 录音机。 Nà bú shì tā de lùyīnjī.	あれは彼のテープレコーダーではありません。
26	那 不 是 她 的 圆珠笔。 Nà bú shì tā de yuánzhūbǐ.	あれは彼女のボールペンではありません。
27	这些 不 是 我 的 铅笔。 Zhèxiē bú shì wǒ de qiānbǐ.	これらは私の鉛筆ではありません。
28	那些 不 是 她 的 耳环。 Nàxiē bú shì tā de ěrhuán.	あれらは彼女のイヤリングではありません。
29	这些 书 都 不 是 我 的。 Zhèxiē shū dōu bú shì wǒ de.	これらの本はすべて私のものではありません。
30	那 是 你 的 照相机 吗？ Nà shì nǐ de zhàoxiàngjī ma?	あれはあなたのカメラですか？
31	这 是 谁 的？ Zhè shì shéi de?	これは誰のですか？ ★"谁的"〈shéi de〉：誰の、誰のもの。
32	这 是 我 的。 Zhè shì wǒ de.	これは私のです。
33	那些 是 我 的。 Nàxiē shì wǒ de.	あれらは私のものです。

34	这 是 谁 的 钱包？ Zhè shì shéi de qiánbāo?	これは誰の財布ですか？
35	那 是 他 的 日中 词典。 Nà shì tā de Rì-Zhōng cídiǎn.	あれは彼の日中辞典です。
36	那 是 谁 的 雨伞？ Nà shì shéi de yǔsǎn?	あれは誰の傘ですか？
37	这 本 词典 是 你 的 吗？ Zhè běn cídiǎn shì nǐ de ma?	この辞書はあなたのですか？
38	这 把 雨伞 是 我 的。 Zhè bǎ yǔsǎn shì wǒ de.	この傘は私のです。
39	这 三 个 学生 是 日本人。 Zhè sān ge xuésheng shì Rìběnrén.	この3人の学生は日本人です。
40	那 两 个 学生 是 美国人。 Nà liǎng ge xuésheng shì Měiguórén.	あの2人の学生はアメリカ人です。
41	那 四 个 人 是 我 朋友。 Nà sì ge rén shì wǒ péngyou.	あの4人は私の友達です。
42	这 双 鞋 是 谁 的？ Zhè shuāng xié shì shéi de?	この靴は誰のですか？
43	这 两 把 雨伞 是 他 的 吗？ Zhè liǎng bǎ yǔsǎn shì tā de ma?	この2本の傘は彼のですか？
44	这 三 辆 车 是 我 爸爸 的。 Zhè sān liàng chē shì wǒ bàba de.	この3台の車は私の父のです。
45	那 把 小提琴 是 他 的。 Nà bǎ xiǎotíqín shì tā de.	あのバイオリンは彼のです。
46	这 张 票 是 你 的 吗？ Zhè zhāng piào shì nǐ de ma?	このチケットはあなたのですか？
47	哪 条 狗 是 健？ Nǎ tiáo gǒu shì Jiàn?	どの犬がケンですか？
48	哪 架 照相机 是 你 的？ Nǎ jià zhàoxiàngjī shì nǐ de?	どのカメラがあなたのですか？

49	哪 把 雨伞 是 他 的？ Nǎ bǎ yǔsǎn shì tā de?	どの傘が彼のですか？
50	哪 辆 自行车 是 你 的？ Nǎ liàng zìxíngchē shì nǐ de?	どちらの自転車があなたのですか？
51	哪个 孩子 是 她 的？ Nǎge háizi shì tā de?	どちらの子が彼女の子ですか？
52	哪个 是 你 的 雨伞？ Nǎge shì nǐ de yǔsǎn?	どちらがあなたの傘ですか？
53	哪个 是 你 的 词典？ Nǎge shì nǐ de cídiǎn?	どちらがあなたの辞書ですか？
54	这 是 什么 杂志？ Zhè shì shénme zázhì?	これはどんな雑誌ですか？
55	那 是 什么 书？ Nà shì shénme shū?	あれはどんな本ですか？
56	这 也 是 我 的 书。 Zhè yě shì wǒ de shū.	これも私の本です。
57	那 也 是 他 的 课本。 Nà yě shì tā de kèběn.	あれも彼の教科書です。
58	这 是 我 妈妈。 Zhè shì wǒ māma.	こちらが私の母です。
59	太郎，这 是 杰克。 Tàiláng, zhè shì Jiékè.	太郎、こちらがジャックよ。
60	这 位 是 田中 先生。 Zhè wèi shì Tiánzhōng xiānsheng.	こちらが田中さんです。 ★ "位"〈wèi〉：尊敬を表す量詞です。

力だめし

A．次の中国語を日本語に訳しなさい。

1．这 是 你 的 孩子 吗？
  Zhè shì nǐ de háizi ma?

  _____

2．这些 都 是 我 的 书。
  Zhèxiē dōu shì wǒ de shū.

  _____

3．这 本 词典 是 你 的 吗？
  Zhè běn cídiǎn shì nǐ de ma?

  _____

B．次の日本語を中国語に訳しなさい。

1．これは誰の自転車ですか？

  _____

2．あの3人の学生は中国人ですか？

  _____

3．この2本の傘は私のではありません。

  _____

4．花子、こちらがメアリーよ。

  _____

C．次の日本語の意味になるように空所に適語を入れなさい。

1．どのカメラが彼女のですか？
  （　　　）（　　　）照相机 是（　　　）（　　　）？

2．この3冊の辞書は誰のですか？
  （　　　）（　　　）（　　　）词典 是（　　　）（　　　）？

3．これらは何ですか？
  （　　　）是 什么？

43

第5日　优香　非常　好看
《優香はとても美人です》

●学習のポイント

(Ⅰ．形容詞の用法)

1．述語用法："A＋（副詞）＋形容詞"で"A"の性質や状態を表します。

　　平叙文　　**这个 很 好。**（これはよいです。）
　　　　　　　Zhège hěn hǎo.

◇ 連結動詞の"是"は用いないことに注意しましょう。
◇ "很"は対照の含みを消し、文を完結させる働きをする副詞です。普通は弱く発音され意味を持ちません。強く発音されると「とても、たいへん」の意味を表します。

　　否定文　　**这个 不 好。**（これはよくありません。）
　　　　　　　Zhège bù hǎo.

◇ 通常の否定文は"很"を取り、"不"を形容詞の前に置きます。ただし、"不"と"很"を同時に用いると、"不很"で部分否定、"很不"で完全否定となります。確認しましょう。

　　〈部分否定〉　**这个 不 很 好。**（これはあまりよくありません。）
　　　　　　　　　Zhège bù hěn hǎo.

　　〈完全否定〉　**这个 很 不 好。**（これは全然よくありません。）
　　　　　　　　　Zhège hěn bù hǎo.

　　疑問文
　　タイプ《1》　**这个 好 吗？**（これはよいですか？）
　　　　　　　　　Zhège hǎo ma?

　　タイプ《2》　**这个 好 不 好？**（これはよいですか？）
　　　　　　　　　Zhège hǎo bu hǎo?

◇ 疑問文は、文末に"吗"をつける諾否疑文《1》と肯定形と否定形を連続させる反復疑問文《2》とがあります。答えには、"好"、"不好"のように形容詞をそのまま用います。

2．**限定用法**："形容詞＋（的）＋名詞"で名詞を修飾します。例を見てみましょう。

《1》単音節形容詞＋名詞：**白 云**（白い雲）
　　　　　　　　　　　　　bái yún

《2》2音節形容詞＋的＋名詞：**重要 的 人**（大切な人）
　　　　　　　　　　　　　　Zhòngyào de rén

《3》重ね型形容詞＋的＋名詞：**高高 的 塔**（とても高い塔）
　　　　　　　　　　　　　　gāogāo de tǎ

《4》程度副詞＋形容詞＋的＋名詞：**很 大 的 房子**（とても大きな家）
　　　　　　　　　　　　　　　　hěn dà de fángzi

Ⅱ．存在の表現

1．人や物の存在を表す基本的な言い方は次の通りです。

《1》場所を表す語句＋有〈yǒu〉＋人、物（話題となる新情報）
　　桌子 上 有 杂志。（机の上に雑誌があります。）
　　Zhuōzi shang yǒu zázhì.

◎否定文は"不"〈bù〉ではなく、"没"〈méi〉を"有"の前に置きます。

《2》人、物（既知の旧情報）＋在〈zài〉＋場所を表す語句
　　你 的 词典 在 桌子 上。（あなたの辞書は机の上にあります。）
　　Nǐ de cídiǎn zài zhuōzi shang.

◎否定文は"不"を"在"の前に置きます。

2．場所を表す指示代名詞の基本的なものは次の通りです。

近称	遠称	疑問
話し手からの心理的距離が近い	話し手からの心理的距離が遠い	話し手からの心理的距離が不定
这儿，这里 zhèr,　　zhèli	**那儿，那里** nàr,　　nàli	**哪儿，哪里** nǎr,　　nǎli
ここ	そこ　あそこ	どこ

例文チェック

1	我 很 忙。 Wǒ hěn máng.	私は忙しいです。
2	我 非常 忙。 Wǒ fēicháng máng.	私はとても忙しいです。 ★"非常"〈fēicháng〉:非常に、たいへん。
3	我 忙极了。 Wǒ mángjíle.	私はとても忙しいです。 ★"极了"〈jíle〉:すこぶる、とても。形容詞の後につけて、程度が最高であることを表します。
4	我 不 忙。 Wǒ bù máng.	私は忙しくありません。
5	我 不 太 忙。 Wǒ bú tài máng.	私はあまり忙しくありません。 ★"不 太…"〈bú tài…〉:あまり…ではない。
6	她 忙，我 不 忙。 Tā máng, wǒ bù máng.	彼女は忙しいですが、私は忙しくありません。
7	A：你 忙 不 忙？ Nǐ máng bu máng? B：不 忙。 Bù máng.	あなたは忙しいですか？ いいえ。
8	你 忙 什么？ Nǐ máng shénme?	あなたは何に忙しいんですか？
9	优香 非常 好看。 Yōuxiāng fēicháng hǎokàn.	優香はとても美人です。
10	他 很 聪明。 Tā hěn cōngming.	彼はとても頭がいいです。
11	她 又 高 又 好看。 Tā yòu gāo yòu hǎokàn.	彼女は背も高いし美人です。 ★"又～又…"〈yòu~yòu…〉:～でもあり…でもある。
12	我 很 高兴。 Wǒ hěn gāoxìng.	私は嬉しいです。
13	我 很 困。 Wǒ hěn kùn.	私はとても眠いです。
14	那个 学生 很 认真。 Nàge xuésheng hěn rènzhēn.	あの学生はとてもまじめです。

15	我 累 死了。 Wǒ lèi sǐle.	私はくたくたに疲れています。 ★"死了"〈sǐle〉：ひどく、とても。形容詞の後に置かれて程度を強調します。
16	那个 真 贵。 Nàge zhēn guì.	あれは本当に値段が高いです。 ★"真"〈zhēn〉：実に、確かに。
17	那个 太 贵 了。 Nàge tài guì le.	あれは値段が高すぎます。 ★"太…了"〈tài…le〉：あまりに…である。
18	那个 有点儿 贵。 Nàge yǒudiǎnr guì.	あれは少し値段が高いです。 ★"有点儿"〈yǒudiǎnr〉：少し。望ましくないことについて言うことが多いです。
19	今天 有点儿 冷。 Jīntiān yǒudiǎnr lěng.	今日は少し寒いです。
20	中文 难 吗？ Zhōngwén nán ma？	中国語は難しいですか？
21	这个 肉包子 非常 好吃。 Zhège ròubāozi fēicháng hǎochī.	この肉まんはとても美味しいです。 ★"好吃"〈hǎochī〉：美味しい。
22	法语 的 发音 很 好听。 Fǎyǔ de fāyīn hěn hǎotīng.	フランス語の発音はとてもきれいです。 ★"好听"〈hǎotīng〉：聞いて気持いい、美しい。
23	英文 比较 容易。 Yīngwén bǐjiào róngyì.	英語はわりと易しいです。 ★"比较"〈bǐjiào〉：比較的、わりあい。
24	这 本 小说 很 有 意思。 Zhè běn xiǎoshuō hěn yǒu yìsi.	この小説はとても面白いです。 ★"有意思"〈yǒu yìsi〉：面白い。
25	这 是 他 的 新 车 吗？ Zhè shì tā de xīn chē ma？	これは彼の新車ですか？
26	那个 高 个子 的 学生 是 谁？ Nàge gāo gèzi de xuésheng shì shéi？	あの背の高い学生は誰ですか？ ★"个子"〈gèzi〉：背丈。
27	他 是 很 有名 的 医生。 Tā shì hěn yǒumíng de yīshēng.	彼は有名な医者です。
28	温哥华 是 好 地方。 Wēngēhuá shì hǎo dìfang.	バンクーバーはいい所です。 ★"地方"〈dìfang〉：所、場所。

29	这 三 个 小 杯子 是 我 的。 Zhè sān ge xiǎo bēizi shì wǒ de.	この３つの小さなコップは私のです。
30	东京 是 大 城市。 Dōngjīng shì dà chéngshì.	東京は大都市です。

★常用される形容詞を反意語とともに確認しましょう。
"大"（大きい、年上、広い）…"小"（小さい、年下、狭い）
　dà　　　　　　　　　　　　xiǎo
"长"（長い）…"短"（短い）　"轻"（軽い）…"重"（重い）
　cháng　　　duǎn　　　　　qīng　　　　zhòng
"冷"（寒い）…"热"（暑い）　"好"（よい）…"坏"（悪）
　lěng　　　　rè　　　　　　hǎo　　　　huài
"贵"（値段が高い）…"便宜"（値段が安い）
　guì　　　　　　　　piányi

31	A：他 在 哪儿？ 　　Tā zài nǎr? B：他 还 在 美国。 　　Tā hái zài Měiguó.	彼はどこにいますか？ かれはまだアメリカにいます。 ★"还"〈hái〉：まだ、依然として。
32	A：他们 在 哪儿？ 　　Tāmen zài nǎr? B：他们 在 学校。 　　Tāmen zài xuéxiào.	彼らはどこにいますか？ 彼らは学校にいます。
33	布朗 老师 不 在 教室。 Bùlǎng lǎoshī bú zài jiàoshì.	ブラウン先生は教室にいません。
34	他们 在 体育馆。 Tāmen zài tǐyùguǎn.	彼らは体育館にいます。
35	他 在 我 的 右边。 Tā zài wǒ de yòubian.	彼は私の右にいます。 ★左は"左边"〈zuǒbian〉
36	我 今天 在 家。 Wǒ jīntiān zài jiā.	私は今日家にいます。
37	邮局 在 学校 附近。 Yóujú zài xuéxiào fùjìn.	郵便局は学校の近くにあります。
38	银行 在 邮局 旁边。 Yínháng zài yóujú pángbiān.	銀行は郵便局の隣にあります。
39	书店 在 文具店 右边。 Shūdiàn zài wénjùdiàn yòubian.	本屋は文房具店の右にあります。

40	我们 学校 在 公园 的 东边。 Wǒmen xuéxiào zài gōngyuán de dōngbian.	私たちの学校は公園の東にあります。 ★次の語で置き換え練習をしましょう。 "西边"〈xībian〉：西、"北边"〈běibian〉：北、 "南边"〈nánbian〉：南
41	电梯 在 哪儿？ Diàntī zài nǎr?	エレベーターはどこにありますか？
42	我 的 公司 在 京都。 Wǒ de gōngsī zài Jīngdū.	私の会社は京都にあります。
43	附近 有 医院 吗？ Fùjìn yǒu yīyuàn ma?	近くに病院はありますか？
★次の語で置き換え練習をしましょう。 "地铁站"（地下鉄の駅） "公共 厕所"（公衆便所） "饭店"（ホテル） dìtiězhàn　　　　　　gōnggòng cèsuǒ　　　　　　fàndiàn "餐厅"（レストラン） "博物馆"（博物館） cāntīng　　　　　　　bówùguǎn		
44	教室 里 有 十 个 学生。 Jiàoshì li yǒu shí ge xuésheng.	教室には学生が10人います。 ★"里"〈li〉：…の中。
45	桌子 上 有 什么？ Zhuōzi shang yǒu shénme?	テーブルの上には何がありますか？
46	这里 有 一 把 椅子。 Zhèli yǒu yì bǎ yǐzi.	ここに椅子が1つあります。
47	楼上 有 人 吗？ Lóushàng yǒu rén ma?	2階に誰かいますか？
48	楼下 没 有 人。 Lóuxià méi yǒu rén.	1階には誰もいません。
49	书架 上 有 二十 本 词典。 Shūjià shang yǒu èrshí běn cídiǎn.	本棚には辞書が20冊あります。
50	桌子 上 有 三 个 苹果。 Zhuōzi shang yǒu sān ge píngguǒ.	テーブルの上にはリンゴが3つあります。

力だめし

A．次の中国語を日本語に訳しなさい。

1．我 不 太 忙。
　　Wǒ bú tài máng.

＿＿＿＿＿＿＿＿＿＿＿＿＿＿＿＿＿＿＿＿

2．她 又 高 又 好看。
　　Tā yòu gāo yòu hǎokàn.

＿＿＿＿＿＿＿＿＿＿＿＿＿＿＿＿＿＿＿＿

3．银行 在 邮局 旁边。
　　Yínháng zài yóujú pángbiān.

＿＿＿＿＿＿＿＿＿＿＿＿＿＿＿＿＿＿＿＿

B．次の日本語を中国語に訳しなさい。

1．彼女は忙しいですが、私は忙しくありません。

＿＿＿＿＿＿＿＿＿＿＿＿＿＿＿＿＿＿＿＿

2．彼は有名な医者です。

＿＿＿＿＿＿＿＿＿＿＿＿＿＿＿＿＿＿＿＿

3．近くに地下鉄の駅はありますか？

＿＿＿＿＿＿＿＿＿＿＿＿＿＿＿＿＿＿＿＿

4．教室には学生が10人います。

＿＿＿＿＿＿＿＿＿＿＿＿＿＿＿＿＿＿＿＿

C．次の日本語の意味になるように空所に適語を入れなさい。

1．私はくたくたに疲れています。
　　我 累（　　　）。

2．あれは値段が少し高いです。
　　那个（　　　）贵。

3．近くに病院はありますか？
　　（　　　）有（　　　）吗？

ディクテーション(Ⅰ)

- 第1日めから第5日までのまとめです。
  CDを聴き文を書き取りましょう。

1. 彼らはみなスペイン人です。

2. 彼は医者ですか弁護士ですか？

3. 私の父はサラリーマンです。

4. ジョンが彼らの上司です。

5. 私は教育学部の学生です。

6. あれは彼女の携帯電話です。

7. この3人の学生は日本人です。

8. このチケットはあなたのですか？

9. あの背の高い学生は誰ですか？

10. 本屋は文房具店の右にあります。

第6日　我 喝 老酒
《私はラオチューを飲みます》

●学習のポイント

　中国語の基本的な文の構造として、1.「主語＋動詞＋目的語」と2.「主題＋叙述」の2つを見ていきましょう。多くの文で基本形に慣れることが大切です。

1. 主語＋動詞＋目的語

　　平叙文：**我 喝 老酒**。（私はラオチューを飲みます。）
　　　　　　Wǒ　hē　lǎojiǔ.

◇ 主語の人称や数によって動詞は変化しません。

　　否定文：**我 不 喝 老酒**。（私はラオチューを飲みません。）
　　　　　　Wǒ　bù　hē　lǎojiǔ.

◇ 否定文は動詞の前に"不"を置きます。

　　疑問文
　　タイプ《1》**你 喝 老酒 吗**？（あなたはラオチューを飲みますか？）
　　　　　　　Nǐ　hē　lǎojiǔ　ma?

　　タイプ《2》**你 喝 不 喝 老酒**？（あなたはラオチューを飲みますか？）
　　　　　　　Nǐ　hē　bu　hē　lǎojiǔ?

◇ 疑問文は、文末に"吗"をつける諾否疑問文《1》と肯定形と否定形を連続させる反復疑問文《2》が基本です。答えは、"喝"、"不 喝"のように動詞をそのまま用います。

英語の視点で他の基本的な文型も見ておきましょう。

《1》主語＋動詞

我 听。（私は聴きます。） 他们 去。（彼らは行きます。）
Wǒ tīng.　　　　　　　　　Tāmen qù.

《2》主語＋動詞＋直接目的語＋間接目的語

我 给 你 这个。（これをあなたにあげます。）
Wǒ gěi nǐ zhège.

王 老师 教 我们 中文。（王先生が私たちに中国語を教えています。）
Wáng lǎoshī jiāo wǒmen Zhōngwén.

《3》主語＋動詞＋目的語＋補語

我 觉得 英文 很 难。（英語は難しいと思います。）
Wǒ juéde Yīngwén hěn nán.

那个 消息 使 他 很 高兴。（その知らせを聞いて彼は嬉しく思いました。）
Nàge xiāoxi shǐ tā hěn gāoxìng.

2．主題＋叙述

「象は鼻が長い」に代表される日本語の「主題＋叙述」の構造は、中国語でも好まれる言い回しで、主述述語文、二重主語文などと呼ばれています。例文を見てみましょう。日本人には理解しやすいでしょう。

　　　主題　　　叙述
　　　┌─┐　┌──┴──┐
　　　象　　鼻子　　长。（象は鼻が長い。）
　　　Xiàng　bízi　cháng.
　　　└─┘　└─┘　└─┘
　　　大主語　小主語　述語

例文チェック

1	他 在 银行 工作。 Tā zài yínháng gōngzuò.	彼は銀行に勤めています。
2	我 在 咖啡馆 打工。 Wǒ zài kāfēiguǎn dǎgōng.	私は喫茶店でアルバイトをしています。
3	你 在 哪儿 工作？ Nǐ zài nǎr gōngzuò?	どちらにお勤めですか？
4	你 做 什么 工作？ Nǐ zuò shénme gōngzuò?	どんなお仕事ですか？ ★"工作"〈gōngzuò〉：仕事（名詞）。1、3の"工作"は動詞です。
5	我 弟弟 在 东京 大学 学习。 Wǒ dìdi zài Dōngjīng Dàxué xuéxí.	私の弟は東京大学で勉強しています。
6	我 父亲 在 大学 教 英语。 Wǒ fùqin zài dàxué jiāo Yīngyǔ.	私の父は大学で英語を教えています。
7	我 每天 去 散步。 Wǒ měitiān qù sànbù.	私は毎日散歩に行きます。
8	我 每天 晚上 看 电视。 Wǒ měitiān wǎnshang kàn diànshì.	私は毎晩テレビを見ます。
9	我 早上 五 点 起床。 Wǒ zǎoshang wǔ diǎn qǐchuáng.	私は朝5時に起きます。
10	你 喝 茶 还是 喝 咖啡？ Nǐ hē chá háishi hē kāfēi?	あなたはお茶を飲みますかそれともコーヒーを飲みますか？
11	我们 做 健美操。 Wǒmen zuò jiànměicāo.	私たちはエアロビをしています。
12	你们 踢 足球 吗？ Nǐmen tī zúqiú ma?	あなたたちはサッカーをしますか？ ★"踢"〈tī〉：蹴る、蹴飛ばす。

13	你 打 棒球 吗？ Nǐ dǎ bàngqiú ma?	あなたは野球をしますか？

★"打"〈dǎ〉:（遊戯などを）する。"打"の後に次の語を続けて置き換え練習をしましょう。
"羽毛球"（バドミントン）　　"乒乓球"（卓球）　　　　"篮球"（バスケットボール）
yǔmáoqiú　　　　　　　　　pīngpāngqiú　　　　　　lánqiú
"网球"（テニス）　　　　　　"麻将"（マージャン）　　"瞌睡"（居眠り）
wǎngqiú　　　　　　　　　　májiàng　　　　　　　　kēshuì
"太极拳"（太極拳）　　　　　"高尔夫球"（ゴルフ）
tàijíquán　　　　　　　　　gāo'ěrfūqiú

14	你 知道 神户 吗？ Nǐ zhīdao Shénhù ma?	神戸を知っていますか？
15	你 知道 她 是 谁？ Nǐ zhīdao tā shì shéi?	彼女が誰か知っていますか？
16	你 知道 绍兴酒 的 喝 法 吗？ Nǐ zhīdao shàoxīngjiǔ de hē fǎ ma?	紹興酒の飲み方を知っていますか？ ★"法"〈fǎ〉：方法、手段。
17	你 知道 北京烤鸭 的 吃 法 吗？ Nǐ zhīdao Běijīngkǎoyā de chī fǎ ma?	北京ダックの食べ方を知っていますか？
18	我 不 知道 他 是 不 是 中国人。 Wǒ bù zhīdao tā shì bu shi Zhōngguórén.	私は彼が中国人かどうか分かりません。
19	你 认识 他 吗？ Nǐ rènshi tā ma?	あなたは彼を知っていますか？ ★"认识"〈rènshi〉:見知る。「知道」は、「事実や解答を知っている」という意味です。
20	我 不 吃 牛肉。 Wǒ bù chī niúròu.	私は牛肉は食べません。
21	你 吃 面包 吗？ Nǐ chī miànbāo ma?	あなたはパンを食べますか？
22	A：谁 吃 馒头？ Shéi chī mántou? B：我 吃 馒头。 Wǒ chī mántou.	A：誰がマントウを食べますか？ B：私が食べます。

23	我 喜欢 香港。 Wǒ xǐhuan Xiānggǎng.	私は香港が好きです。
24	我 很 喜欢 日本。 Wǒ hěn xǐhuan Rìběn.	私は日本がとても気に入っています。
25	你 喜欢 什么 音乐？ Nǐ xǐhuan shénme yīnyuè？	どんな音楽が好きですか？
26	我 喜欢 古典 音乐。 Wǒ xǐhuan gǔdiǎn yīnyuè.	私はクラシックが好きです。
27	谁 都 喜欢 她。 Shéi dōu xǐhuan tā.	みんな彼女のことが好きです。

★ "谁 都"〈shéi dōu〉：例外なく誰もが。
★ "喜欢"の後には具体的な行為を示す動詞をもってくることがよくあり、「(…するのが) 好き」という意味を表します。
我 喜欢 吃 猪肉。(豚肉は好きです。)
Wǒ xǐhuan chī zhūròu.
你 喜欢 喝 威士忌酒 吗？(ウイスキーは好きですか？)
Nǐ xǐhuan hē wēishìjìjiǔ ma？

28	你 要 什么？ Nǐ yào shénme？	何が必要ですか？
29	你 要 这个 吗？ Nǐ yào zhège ma？	これが欲しいのですか？
30	你 不 懂 吗？ Nǐ bù dǒng ma？	分からないんですか？
31	A：你 去 还是 杰克 去？ 　　Nǐ qù háishi Jiékè qù？ B：我 去。 　　Wǒ qù.	A：あなたが行くんですかジャックが行くんですか？ B：私が行きます。
32	太郎 跟 花子 一起 去 学校。 Tàiláng gēn Huāzǐ yìqǐ qù xuéxiào.	太郎は花子といっしょに学校へ行きます。 ★ "跟…一起"〈gēn…yìqǐ〉：…といっしょに。
33	她 跟 我 结婚。 Tā gēn wǒ jiéhūn.	彼女は私と結婚します。 ★ "跟"〈gēn〉：…と。
34	你 觉得 中国 怎么样？ Nǐ juéde Zhōngguó zěnmeyàng？	中国をどう思いますか？ ★ "觉得"〈juéde〉：感じる ★ "怎么样"〈zěnmeyàng〉：どのように、どう。

35	他 住 在 北京。 Tā zhù zài Běijīng.	彼は北京に住んでいます。 ★ "在"〈zài〉：…（ある場所）に。
36	你 住 在 哪儿？ Nǐ zhù zài nǎr?	どちらにお住まいですか？
37	你 住 在 这 附近 吗？ Nǐ zhù zài zhè fùjìn ma?	この近くにお住まいですか？
38	你们 来 不 来？ Nǐmen lái bu lái?	あなたたちは来るんですか？
39	今天 天气 不 太 好。 Jīntiān tiānqì bú tài hǎo.	今日は天気があまりよくありません。
40	日本 山 很 多。 Rìběn shān hěn duō.	日本は山が多いです。
41	我 哥哥 个子 真 高。 Wǒ gēge gèzi zhēn gāo.	私の兄は背がとても高いです。
42	我 工作 很 忙。 Wǒ gōngzuò hěn máng.	私は仕事が忙しいです。
43	中国 人口 很 多。 Zhōngguó rénkǒu hěn duō.	中国は人口が多いです。
44	我们 大学 留学生 很 多。 Wǒmen dàxué liúxuéshēng hěn duō.	うちの大学は留学生が多いです。
45	我 妻子 鼻子 矮。 Wǒ qīzi bízi ǎi.	私の妻は鼻が低いです。
46	西班牙语 文法 难 吗？ Xībānyáyǔ wénfǎ nán ma?	スペイン語は文法が難しいですか？
47	我 身体 很 好。 Wǒ shēntǐ hěn hǎo.	私は体が健康です。
48	渥太华 冬天 很 冷。 Wòtàihuá dōngtiān hěn lěng.	オタワは冬が寒いです。
49	乔治 脸色 不 太 好。 Qiáozhì liǎnsè bú tài hǎo.	ジョージは顔色があまりよくありません。

力だめし

A．次の中国語を日本語に訳しなさい。
1．我 每天 晚上 看 电视。
　　Wǒ měitiān wǎnshang kàn diànshì.

_____

2．你 住 在 哪儿？
　　Nǐ zhù zài　nǎr?

_____

3．我 哥哥 个子 真 高。
　　Wǒ gēge　gèzi zhēn gāo.

_____

B．次の日本語を中国語に訳しなさい。
1．英語は難しいと思います。

_____

2．私は毎日散歩に行きます。

_____

3．あなたは北京ダックの食べ方を知っていますか？

_____

4．今日は天気があまりよくありません。

_____

C．次の日本語の意味になるように空所に適語を入れなさい。
1．あなたたちはサッカーをしますか？
　　你们（　　　　）足球 吗？

2．あなたは彼を知っていますか？
　　你（　　　）他 吗？

3．私は豚肉が好きです。
　　我（　　　）（　　　　）猪肉。

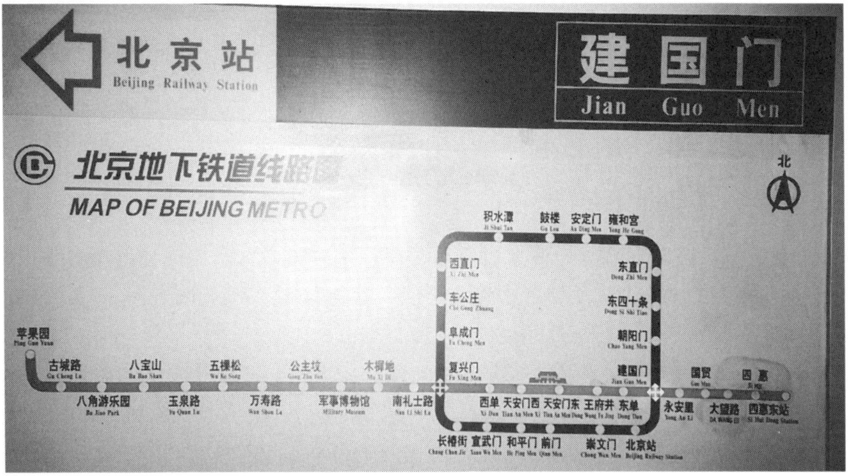
北京站
Beijing Railway Station
建国门
Jian Guo Men
北京地下铁道线路图
MAP OF BEIJING METRO
北
积水潭
鼓楼
安定门
雍和宫
西直门
东直门
车公庄
东四十条
阜成门
朝阳门
复兴门
建国门
苹果园
古城路
八宝山
五棵松
公主坟
木樨地
八角游乐园
玉泉路
万寿路
军事博物馆
南礼士路
西单
天安门西
天安门东
王府井
东单
永安里
国贸
大望路
四惠
四惠东站
长椿街
宣武门
和平门
前门
崇文门
北京站

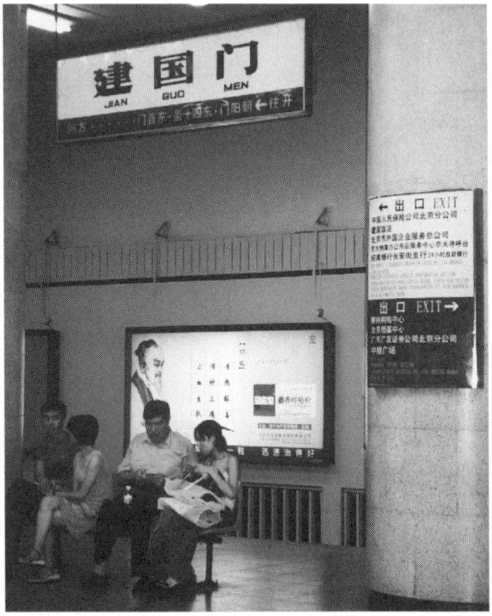
建国门
JIAN GUO MEN
出口 EXIT
出口 EXIT

第7日　他 有 两 个 孩子
《彼には子供が2人います》

●学習のポイント

　「所有する」という意味を表す動詞は、ほぼすべての言語で中核になる基本動詞とされています。中国語でこの意味を伝える動詞が、"有"〈yǒu〉です。この"有"の使い方を見ていきましょう。
　また、この動詞に移動の概念を加えた動詞が、"给"〈gěi〉(与える)、"要"〈yào〉(欲しい) ということになります。
　これらの動詞の使い方に慣れることで会話力はアップしますので、多くの例文にふれることが大切です。

1. "有"の用法

平叙文：我 有 电脑。(私はコンピューターを持っています。)
　　　　Wǒ　yǒu　diànnǎo.

◇ 主語の人称や数によって"有"は変化しません。

否定文：我 没 有 电脑。(私はコンピューターを持っていません。)
　　　　Wǒ　méi　yǒu　diànnǎo.

◇ 否定文は、"不"ではなく、"没"〈méi〉を"有"の前に置きます。

疑問文：

タイプ《1》你 有 电脑 吗？
　　　　　　Nǐ yǒu diànnǎo ma?

　　　　(あなたはコンピューターを持っていますか？)

タイプ《2》你 有 没 有 电脑？
　　　　　　Nǐ yǒu mei you diànnǎo?

　　　　(あなたはコンピューターを持っていますか？)

タイプ《3》你 有 电脑 没 有？
　　　　　　Nǐ yǒu diànnǎo mei you?

　　　　(あなたはコンピューターを持っていますか？)

◎ 疑問文は、文末に"吗"をつける諾否疑問文《1》、肯定形と否定形を連続させる反復疑問文《2》、目的語の後に"没有"を置くもの《3》があります。答えは"有"、"没有"のように動詞をそのまま用います。

2．"给"〈gěi〉は、「与える、やる、くれる」という意味を表す動詞です。"有"の意味で訳せば、「持たせる」ということになります。人に持たせるのが、「与える、やる、くれる」で、自分自身に持たせるのが、「ください、欲しい」ということになります。

覚えておくと大変便利な表現は、次の言い方です。

请 给 我～。（～をください。）
Qǐng gěi wǒ ~.

★ "请"〈qǐng〉は、「どうぞ…してください」という丁寧な言い方で、後ろに動詞がきます。例文を見てみましょう。

请 给 我 三 个 胶卷。（フィルム3本ください。）
Qǐng gěi wǒ sān ge jiāojuǎn.

また、この動詞は「…に～を」のように二重目的語をとることがよくあります。

我 给 她 一 本 词典。（私は彼女に辞書を1冊あげます。）
Wǒ gěi tā yì běn cídiǎn.

3．"要"〈yào〉は、「欲しい、必要とする」という意味の動詞です。これも"有"の意味で訳せば、「持たせたい」ということになります。"要"はすでに、第5日目で出てきた動詞です。例文を見ておきましょう。

他 要 一 本 中日 词典。（彼は中日辞典を欲しがっています。）
Tā yào yì běn Zhōng-Rì cídiǎn.

你 要 这个 吗？（これが欲しいんですか？）
Nǐ yào zhège ma?

例文チェック

18	1	他 有 两 个 孩子。 Tā yǒu liǎng ge háizi.	彼には子供が2人います。
	2	你 有 几 个 孩子？ Nǐ yǒu jǐ ge háizi？	子供は何人いますか？ ★"几"〈jǐ〉：いくつか、何人か。通常2から9までの数を指します。
	3	我 有 一 个 弟弟。 Wǒ yǒu yí ge dìdi.	私には弟がひとりいます。
	4	他 有 三 个 妹妹。 Tā yǒu sān ge mèimei.	彼には妹が3人います。
	5	你 有 没 有 兄弟 姐妹？ Nǐ yǒu mei you xiōngdì jiěmèi？	兄弟はいますか？
	6	我 没 有 兄弟 姐妹。 Wǒ méi yǒu xiōngdì jiěmèi.	私には兄弟はいません。
	7	我 有 四 个 中国 朋友。 Wǒ yǒu sì ge Zhōngguó péngyou.	私には中国人の友達が4人います。
	8	他 有 很 多 英文 书。 Tā yǒu hěn duō Yīngwén shū.	彼は英語の本をたくさん持っています。
	9	我们 有 一 个 建议。 Wǒmen yǒu yí ge jiànyì.	私たちに提案がひとつあります。
	10	她 有 两 台 电脑。 Tā yǒu liǎng tái diànnǎo.	彼女はコンピューターを2台持っています。 ★"台"〈tái〉：機械類を数える量詞です。
	11	我 没 有 圆珠笔。 Wǒ méi yǒu yuánzhūbǐ.	私はボールペンを持っていません。
	12	你 有 他 的 地址 吗？ Nǐ yǒu tā de dìzhǐ ma？	彼の住所は分かりますか？
	13	你 有 他 的 北京 地址 吗？ Nǐ yǒu tā de Běijīng dìzhǐ ma？	彼の北京の住所は分かりますか？
	14	你 今天 有 几 节 课？ Nǐ jīntiān yǒu jǐ jié kè？	今日は何時間授業ですか？ ★"节"〈jié〉：区切り分割できるものを数える量詞です。

15	你 有 几 枝 铅笔？ Nǐ yǒu jǐ zhī qiānbǐ?	鉛筆を何本持っていますか？ ★"枝"〈zhī〉：細い棒状の物を数える量詞です。
16	我 有 十 个 指头。 Wǒ yǒu shí ge zhǐtou.	手の指は10本あります。
17	我 有 好 消息。 Wǒ yǒu hǎo xiāoxi.	いい知らせがあります。
18	朱丽 有 一 双 蓝 眼睛。 Zhūlì yǒu yì shuāng lán yǎnjing.	ジュリーは青い目をしています。
19	他 右手 里 有 一 个 苹果。 Tā yòushǒu li yǒu yí ge píngguǒ.	彼は右手にリンゴを1個持っています。
20	你 左手 里 有 什么？ Nǐ zuǒshǒu li yǒu shénme?	左手に何を持っていますか？
21	亨利 有 三 本 书 和 四 枝 笔。 Hēnglì yǒu sān běn shū hé sì zhī bǐ.	ヘンリーは本を3冊とペンを4本持っています。
22	你 有 多少 钱？ Nǐ yǒu duōshao qián?	お金はいくらありますか？ ★"多少"〈duōshao〉：いくら、どれほど。数量の大小を問わず使えます。
23	我 没 有 钱。 Wǒ méi yǒu qián.	私はお金を持っていません。
24	我 没 有 钱 买 词典。 Wǒ méi yǒu qián mǎi cídiǎn.	辞書を買うお金はありません。 ★"买"〈mǎi〉：買う。 ★"有"の目的語の後にさらに動詞を続けて「…する〜がある」という意味を表すことができます。
25	我 没 有 机会 说 中文。 Wǒ méi yǒu jīhuì shuō Zhōngwén.	私は中国語を話す機会がありません。
26	你 有 时间 打印 这 封 信 吗？ Nǐ yǒu shíjiān dǎyìn zhè fēng xìn ma?	この手紙をタイプする時間はありますか？
27	你 有 护照 吗？ Nǐ yǒu hùzhào ma?	パスポートはありますか？

28	你 有 信用卡 吗？ Nǐ yǒu xìnyòngkǎ ma?	クレジットカードはありますか？
29	你 有 入境 登记卡 吗？ Nǐ yǒu rùjìng dēngjìkǎ ma?	入国カードはありますか？
30	你 有 签证 吗？ Nǐ yǒu qiānzhèng ma?	ビザはありますか？
31	有 没 有 英 汉 词典？ Yǒu mei you Yīng-Hàn cídiǎn?	英漢辞典はありますか？

★買い物の時に役立つ言い方です。"有…吗？"の言い方でも構いません。次の語で置き換え練習をしましょう。
"彩色 胶卷"（カラーフィルム） "中国 地图"（中国の地図）
　cǎisè jiāojuǎn　　　　　　　　　Zhōngguó dìtú
"牛仔裤"（ジーンズ） "抗菌素"（抗生物質）
　niúzǎikù　　　　　　　　　　　kàngjūnsù
"邮票"（切手） "青岛 啤酒"（チンタオビール）
　yóupiào　　　　　　　　　　　Qīngdǎo píjiǔ
"米粉"（ビーフン）
　mǐfěn

32	你 有 没 有 女朋友？ Nǐ yǒu mei you nǚpéngyou?	ガールフレンドはいますか？
33	我 没 有 男朋友。 Wǒ méi yǒu nánpéngyou.	私にはボーイフレンドはいません。
34	他 没 有 汽车。 Tā méi yǒu qìchē.	彼は車を持っていません。
35	一 周 有 七 天。 Yì zhōu yǒu qī tiān.	1週間は7日あります。 ★無生物も主語になります。
36	一 年 有 十二 个 月。 Yī nián yǒu shí'èr ge yuè.	1年は12カ月あります。
37	我 给 你 柠檬水。 Wǒ gěi nǐ níngméngshuǐ.	レモネードをお出ししましょう。
38	我 给 你 这 本 书。 Wǒ gěi nǐ zhè běn shū.	この本をあなたにあげます。
39	请 给 我 一 杯 水。 Qǐng gěi wǒ yì bēi shuǐ.	水を1杯ください。
40	请 给 我 两 杯 可口可乐。 Qǐng gěi wǒ liǎng bēi kěkǒukělè.	コカコーラを2つください。

41	请 给 我 一 瓶 葡萄酒。 Qǐng gěi wǒ yì píng pútaojiǔ.	ワインを１本ください。
42	请 给 我 三 个 汉堡包。 Qǐng gěi wǒ sān ge hànbǎobāo.	ハンバーガーを３つください。
43	请 给 我 十 张 明信片。 Qǐng gěi wǒ shí zhāng míngxìnpiàn.	はがきを10枚ください。
44	请 给 我 五 个 苹果。 Qǐng gěi wǒ wǔ ge píngguǒ.	リンゴを５つください。
45	请 给 我 十 个 饺子。 Qǐng gěi wǒ shí ge jiǎozi.	ギョウザを10個ください。
46	请 给 我 八 份 饺子。 Qǐng gěi wǒ bā fèn jiǎozi.	ギョウザを８人前ください。 ★份〈fèn〉：セットになったものを数える量詞です。
47	请 给 我 肯德基 和 咖啡。 Qǐng gěi Wǒ kěndéjī hé kāfēi.	ケンタッキーフライドチキンとコーヒーをください。
48	请 给 我们 绿茶。 Qǐng géi wǒmen lǜchá.	緑茶をください。
49	请 给 我们 乌龙茶。 Qǐng gěi wǒmen wūlóngchá.	ウーロン茶をください。
50	请 给 我 小刀。 Qǐng gěi wǒ xiǎodāo.	ナイフをください。
51	请 给 我 叉子。 Qǐng gěi wǒ chāzi.	フォークをください。
52	请 给 我 筷子。 Qǐng gěi wǒ kuàizi.	箸をください。
53	您 要 什么？ Nín yào shénme？	ご注文は何になさいますか？
54	你 要 奶茶 吗？ Nǐ yào nǎichá ma？	ミルクティーはいりますか？
55	我 不 要 茅台酒。 Wǒ bú yào máotáijiǔ.	マオタイ酒はいりません。
56	这个，我 要 五 个。 Zhège, wǒ yào wǔ ge.	これ５つください。
57	你 要 哪个？ Nǐ yào nǎge？	どれが欲しいのですか？

力だめし

A．次の中国語を日本語に訳しなさい。

1．我 没 有 机会 说 中文。
　　Wǒ méi yǒu jīhuì shuō Zhōngwén.

　　_____

2．请 给 我 两 杯 可口可乐。
　　Qǐng gěi wǒ liǎng bēi kěkǒukělè.

　　_____

3．你 有 几 个 孩子？
　　Nǐ yǒu jǐ ge háizi？

　　_____

B．次の日本語を中国語に訳しなさい。

1．彼はコンピューターを2台持っています。

　　_____

2．兄弟はいますか？

　　_____

3．ワインを1本ください。

　　_____

4．牛乳はいりますか？

　　_____

C．次の日本語の意味になるように空所に適語を入れなさい。

1．お金はいくらありますか？
　　你（　　　）（　　　）钱？

2．私は彼に辞書を1冊あげます。
　　我（　　　）他 一（　　　）词典。

3．マオタイ酒はいりません。
　　我（　　　）（　　　）茅台酒。

67

第8日　我 想 去 中国
《私は中国へ行きたいです》

●学習のポイント

「助動詞＋動詞」の用法を勉強しましょう。「助動詞」とは、文字どおり、動詞を助けるという意味ですが、「助ける」とは、色付けするということで、話し手の気持ちを添える働きをします。

中国語でよく使われる助動詞を例文とともにいくつか見てみましょう。

《1》"想"〈xiǎng〉：…したい（願望、欲求）
　動詞としては、「思う」という意味です。

　我 想 去 中国 留学。（私は中国へ留学したいです。）
　Wǒ xiǎng qù Zhōngguó liúxué.

　我 想 喝 啤酒。（私はビールを飲みたいです。）
　Wǒ xiǎng hē píjiǔ.

　你 想 去 哪儿？（どこへ行きたいですか？）
　Nǐ xiǎng qù nǎr?

《2》"会"〈huì〉：…できる（学習や訓練によって能力や技術を習得した結果）
　我 会 开车。（私は車の運転ができます。）
　Wǒ huì kāichē.

　我 会 游泳。（私は泳げます。）
　Wǒ huì yóuyǒng.

　你 会 说 法语 吗？（あなたはフランス語が話せますか？）
　Nǐ huì shuō Fǎyǔ ma?

《3》"能"〈néng〉：…できる（能力、条件が前提として備わっていて）
　我 能 看 英文 报。（私は英字新聞が読めます。）
　Wǒ néng kàn Yīngwén bào.

　你 能 告诉 我 她 多大 了 吗？
　Nǐ néng gàosu wǒ tā duōdà le ma?
　（彼女の年を私に教えてもらえますか？）

《4》"可以"〈kěyǐ〉：…してもよい（許可）、…できる（条件が備わって）
　你 可以 今天 去。（今日行ってもいいですよ。）
　Nǐ kěyǐ jīntiān qù.

　你 可以 来 吗？（来れますか？）
　Nǐ kěyǐ lái ma?

《5》"得"〈děi〉：…しなければならない（必要性）
　你 得 明天 去。（あす行かなければなりません。）
　Nǐ děi míngtiān qù.

　我 得 六 点 钟 起床。（私は6時に起きなければなりません。）
　Wǒ děi liù diǎn zhōng qǐchuáng.

★否定は、"不用"〈búyòng〉、"不必"〈búbì〉で"不得"〈bùděi〉ではありません。

《6》"应该"〈yīnggāi〉：…すべきである（必要性）
　我 妈妈 说 我 应该 结婚。（母は私に結婚するように言っています。）
　Wǒ māma shuō wǒ yīnggāi jiéhūn.

《7》"不用"〈búyòng〉：…する必要はない（必要性の否定）
　你 不用 去 邮局。（郵便局へ行く必要はありません。）
　Nǐ búyòng qù yóujú.

《8》"不要"〈búyào〉：…してはいけない（禁止）
　你 不要 抽 烟。（タバコを吸ってはいけません。）
　Nǐ búyào chōu yān.

例文チェック

19 1	我 想 去 中国。 Wǒ xiǎng qù Zhōngguó.	私は中国へ行きたいです。
2	你 想 去 南京 吗？ Nǐ xiǎng qù Nánjīng ma?	あなたは南京へ行きたいですか？
3	我 想 去 游泳。 Wǒ xiǎng qù yóuyǒng.	私は泳ぎに行きたいです。

★ "去"の後にさらに動詞を添えて「…しに行く」という意味を表せます。
　去 看 她（彼女に会いに行く）　　去 滑雪（スキーに行く）
　qù kàn tā　　　　　　　　　　　 qù huáxuě
　去 滑冰（スケートに行く）　　　 去 买 东西（買い物に行く）
　qù huábīng　　　　　　　　　　　qù mǎi dōngxi
　去 玩儿（遊びに行く）　　　　　 去 看 电影（映画に行く）
　qù wánr　　　　　　　　　　　　 qù kàn diànyǐng

4	我 想 买 这 本 词典。 Wǒ xiǎng mǎi zhè běn cídiǎn.	私はこの辞書を買いたいです。
5	我 不 想 买 那 条 领带。 Wǒ bù xiǎng mǎi nà tiáo lǐngdài.	私はこのネクタイを買いたくありません。
6	我 想 喝 水。 Wǒ xiǎng hē shuǐ.	私は水が飲みたいです。
7	我 想 吃 麻婆豆腐。 Wǒ xiǎng chī mápódòufu.	私はマーボ豆腐が食べたいです。
8	我 不 想 学 俄语。 Wǒ bù xiǎng xué Éyǔ.	私はロシア語は勉強したくありません。
9	我 不 想 坐 飞机。 Wǒ bù xiǎng zuò fēijī.	私は飛行機には乗りたくありません。

★ "坐"〈zuò〉:（乗り物）に乗る。"坐"の後には次のような乗り物がきます。
　"公共 汽车"（バス）　　"出租 汽车"（タクシー）　　"船"（船）
　gōnggòng qìchē　　　　 chūzū qìchē　　　　　　　chuán
　"火车"（汽車）　　"地铁"（地下鉄）　　"车"（車）
　huǒchē　　　　　 dìtiě　　　　　　　chē
ただし、またがって乗るものには、"骑"〈qí〉を使います。
　"自行车"（自転車）　"摩托车"（オートバイ）　"马"（馬）　"骆驼"（ラクダ）
　zìxíngchē　　　　　 mótuōchē　　　　　　　 mǎ　　　　 luòtuo

10	我 想 坐 船 去 上海。 Wǒ xiǎng zuò chuán qù Shànghǎi.	私は船で上海へ行きたいです。 ★「…（乗り物）で～行く」という時の 言い方も覚えましょう。
11	我 想 要 一 杯 茶。 Wǒ xiǎng yào yì bēi chá.	お茶を1杯いただきたいのですが。 ★「必要である」という意味の動詞"要" を使った言い方です。
12	我 想 要 春卷。 Wǒ xiǎng yào chūnjuǎn.	春巻をお願いします。
13	我 想 买 这 条 裙子。 Wǒ xiǎng mǎi zhè tiáo qúnzi.	私はこのスカートを買いたいです。
14	他 想 学 英文。 Tā xiǎng xué Yīngwén.	彼は英語を習いたがっています。
15	我 想 喝 一点儿 啤酒。 Wǒ xiǎng hē yìdiǎnr píjiǔ.	私はビールを少し飲みたいです。 ★"一点儿"〈yìdiǎnr〉：少し。
16	我 会 说 中国话。 Wǒ huì shuō Zhōngguóhuà.	私は中国語を話せます。
17	我 会 说 一点儿 中国话。 Wǒ huì shuō yìdiǎn Zhōngguóhuà.	私は中国語を少し話せます。
18	我 会 说 英语 和 德语。 Wǒ huì shuō Yīngyǔ hé Déyǔ.	私は英語とドイツ語が話せます。 ★"英语"〈Yīngyǔ〉：英語。"英文"〈Yīngwén〉 が文語に対して、"英语"は通常、口 語としての英語というニュアンスがあ ります。
19	我 会 说 英语，但 不 会 Wǒ huì shuō Yīngyǔ, dàn bú huì 说 西班牙语。 shuō Xībānyáyǔ.	私は英語は話せますがスペイン語はだめ です。 ★"但"〈dàn〉：…（だ）が、しかし。
20	我 不 会 说 外国语。 Wǒ bú huì shuō wàiguóyǔ.	私は外国語は全く話せません。
21	你 会 说 意大利语 吗？ Nǐ huì shuō Yìdàlìyǔ ma？	イタリア語は話せますか？
22	我 不 大 会 说 韩国语。 Wǒ bú dà huì shuō Hánguóyǔ.	私は韓国語はあまりうまく話せません。
23	他 会 越南语。 Tā huì Yuènányǔ.	彼はベトナム語ができます。 ★"会"は動詞で「（技術を習得していて） できる、分かる」という使い方があり ます。

24	你 会 滑雪 吗？ Nǐ huì huáxuě ma?	スキーはできますか？
25	你 会 做 菜 吗？ Nǐ huì zuò cài ma?	料理はできますか？
26	我 不 会 游泳。 Wǒ bú huì yóuyǒng.	私は泳げません。
27	我 不 能 吃 肉。 Wǒ bù néng chī ròu.	私は肉は食べられません。
28	你 能 在 这儿 等 我们 吗？ Nǐ néng zài zhèr děng wǒmen ma?	ここで待ってもらえますか？
29	我 能 用 英文 写 信。 Wǒ néng yòng Yīngwén xiě xìn.	私は英語で手紙が書けます。 ★"用"〈yòng〉：…で。手段を表す介詞です。
30	彼得 四 分 钟 能 跑 一 英里。 Bǐdé sì fēn zhōng néng pǎo yì yīnglǐ.	ピーターは1マイルを4分で走れます。
31	我们 明天 不 能 去。 Wǒmen míngtiān bù néng qù.	私たちは明日は行けません。
32	你 可以 用 我 的 词典。 Nǐ kěyǐ yòng wǒ de cídiǎn.	私の辞書を使ってもいいですよ。
33	我 可以 去 游泳 吗？ Wǒ kěyǐ qù yóuyǒng ma?	泳ぎに行ってもいいですか？
34	我 可以 不 可以 抽 烟？ Wǒ kěyǐ bu kěyǐ chōu yān?	タバコを吸ってもいいですか？ ★"可以"（肯定形）+"不可以"（否定形）の反復疑問文です。
35	我 可以 喝 酒 吗？ Wǒ kěyǐ hē jiǔ ma?	お酒を飲んでもいいですか？
36	我 得 给 他 打 电话。 Wǒ děi gěi tā dǎ diànhuà.	私は彼に電話しなければなりません。
37	你 得 听 她 的 话。 Nǐ děi tīng tā de huà.	彼女の話を聞かなければいけません。
38	你 应该 后天 去。 Nǐ yīnggāi hòutiān qù.	あさって行くべきです。

39	你 应当 去 看 王 先生。 Nǐ yīngdāng qù kàn Wáng xiānsheng.	王先生に会いに行くべきです。 ★ "应当"〈yīngdāng〉:…すべきである。 この語も使われます。
40	你 不用 买 那 本 书。 Nǐ búyòng mǎi nà běn shū.	あの本を買う必要はありません。
41	你 不用 给 他 打 电话。 Nǐ búyòng gěi tā dǎ diànhuà.	彼に電話する必要はありません。
42	你 不用 着急。 Nǐ búyòng zháojí.	急ぐ必要はありません。
43	你 不用 担心。 Nǐ búyòng dānxīn.	心配する必要はありません。
44	不要 抽 烟。 Búyào chōu yān.	タバコを吸ってはいけません。
45	不要 喝 酒。 Búyào hē jiǔ.	酒を飲んではいけません。
46	不要 客气。 Búyào kèqi.	遠慮してはいけません。
47	你 不要 坐 在 这儿。 Nǐ búyào zuò zài zhèr.	ここに座ってはいけません。
48	你 不要 说话。 Nǐ búyào shuōhuà.	しゃべってはいけません。

力だめし

A．次の中国語を日本語に訳しなさい。

1．我 想 喝 一点儿 啤酒。
　　Wǒ xiǎng hē yìdiǎnr píjiǔ.

　　_____

2．我 可以 不 可以 抽 烟？
　　Wǒ kěyǐ bu kěyǐ chōu yān?

　　_____

3．你 得 听 她 的 话。
　　Nǐ děi tīng tā de huà.

　　_____

B．次の日本語を中国語に訳しなさい。

1．私はこのネクタイを買いたくありません。

　　_____

2．私は英語とドイツ語が話せます。

　　_____

3．私は英語で手紙が書けます。

　　_____

4．その本を買う必要はありません。

　　_____

C．次の日本語の意味になるように空所に適語を入れなさい。

1．私は船で上海へ行きたいです。
　　我（　　　）（　　　）船 去 上海。

2．スキーはできますか？
　　你（　　　）滑雪 吗？

3．ここに座ってはいけません。
　　你（　　　）坐 在这儿。

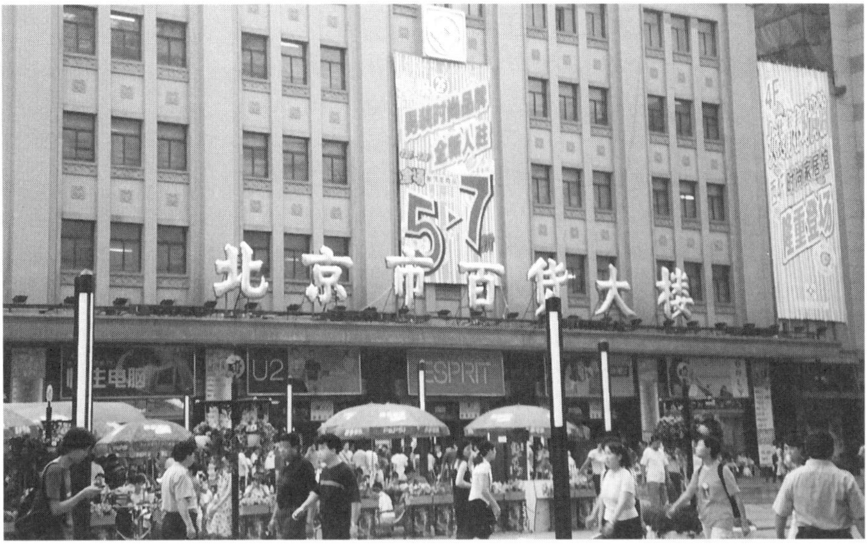
北京市百货大楼
U2
ESPRIT

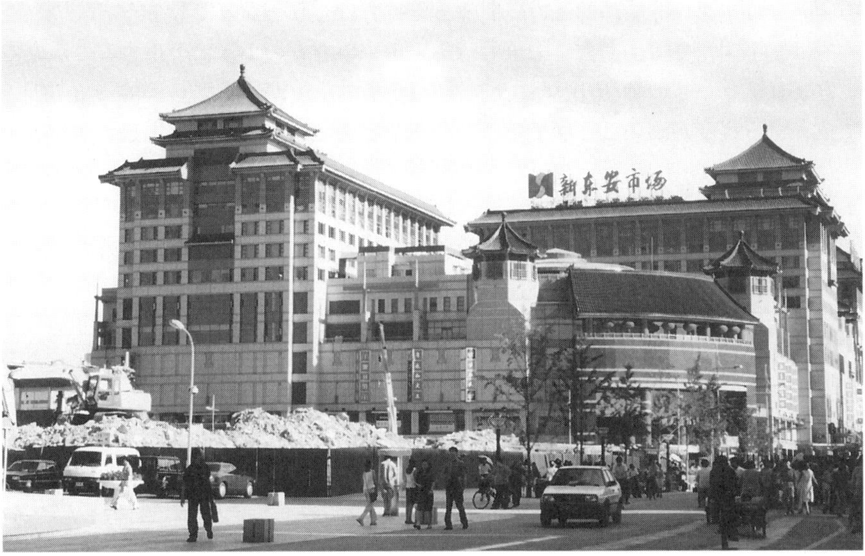
新东安市场

第9日 昨天 是 星期一
《きのうは月曜日でした》

●学習のポイント

　英語には「時制」が存在します。これは、人間の意識を離れて、過去から未来へと直線的に流れる物質としての時間を設定し、その軸上に出来事を整理しているからです。ところが中国語では、客体的な時間よりも話し手の主観的な時間に重きが置かれ、心理的な確認によって出来事を整理しています。これは、話し手が「時制」よりも「アスペクト」に注視しているという認知上の特徴の表れです。
　私たちの母国語の日本語にもこれは見られる現象です。「バスが来た。さあ、乗ろう。」（現在）「きのうは映画を見に行った。」（過去）「明日北京に着いたら電話します。」（未来）で使われている「た」は、時間よりも《心理的な確認》が出来事の分類基準となっていることの表れと言えます。この点では、中国語の時間の捉え方は日本人の私たちには理解しやすいかも知れません。
　「時制」と「アスペクト」という言語的な違いを理解すれば、英語が論理的で、中国語や日本語は非論理的という間違った見方はしなくなるでしょう。
　では、中国語では、過去や未来も行為や出来事をどのように表現するのか見ていきましょう。この時、中国語は、「表現」（テクスト）が「文脈」（コンテクスト）に依存する程度が高いことばであるということを頭に入れておきましょう。

1．過去の表現

　《1》過去を明示する表現を見ておきましょう。これらの表現が文の中にあれば、過去の行為や出来事が述べられていることが分かります。

　　昨天（きのう）　　**前天**（おととい）　　**大前天**（さきおととい）
　　zuótiān　　　　　　qiántiān　　　　　　　dàqiántiān

　　上（个）星期（先週）　　**上上（个）星期**（先々週）
　　shàng (ge) xīngqī　　　　shàngshàng (ge) xīngqī

　　上（个）月（先月）　　**上上（个）月**（先々月）
　　shàng (ge) yuè　　　　　shàngshàng (ge) yuè

　　去年（去年）　　**前年**（おととし）　　**大前年**（さきおととし）
　　qùnián　　　　　　qiánnián　　　　　　　dàqiánnián

《2》動詞の後に置かれ行為の完了を表す"了"〈le〉に注意しましょう。

　　昨天　我　买了　五　个　苹果。(きのう私はリンゴを5つ買いました。)
　　Zuótiān wǒ　mǎile　wǔ　ge　píngguǒ.

　　我　学了　十　年　英语。(私は10年間英語を勉強しました。)
　　Wǒ　xuéle　shí　nián　Yīngyǔ.

"了"によって、すでに起きた行為ということが明確にされます。

2．未来の表現

《1》未来を明示する表現を見てみましょう。

　　明天（あす）　后天（あさって）　大后天（しあさって）
　　míngtiān　　　hòutiān　　　　　dàhòutiān

　　下（个）星期（来週）　下下（个）星期（再来週）
　　xià (ge) xīngqī　　　　xiàxià (ge) xīngqī

　　下（个）月（来月）　下下（个）月（再来月）
　　xià (ge) yuè　　　　xiàxià (ge) yuè

　　明年（来年）　后年（再来年）　大后年（明々後年）
　　míngnián　　　hòunián　　　　dàhòunián

《2》"了"は未来の行為に対しても使われます。これは話し手が行為の実現を心理的に感じ取っているということです。日本語の「た」とよく似た働きをしていることが分かりますね。

　　我　吃了　午饭，　就　去　买　东西。
　　Wǒ　chīle　wǔfàn,　jiù　qù　mǎi　dōngxi.
　　(私は昼食を食べたらすぐ買い物に行きます。)

　　你　到了　北京，给　我　打　电话。
　　Nǐ　dàole　Běijīng, gěi　wǒ　dǎ　diànhuà.
　　(北京に着いたら電話をください。)

例文チェック

20	1	昨天 是 星期一。 Zuótiān shì xīngqīyī.	きのうは月曜日でした。
	2	昨天 星期 几？ Zuótiān xīngqī jǐ?	きのうは何曜日でしたか？
	3	他 去年 去了 美国。 Tā qùnián qùle Měiguó.	彼は去年アメリカへ行きました。
	4	我 去年 在 香港。 Wǒ qùnián zài Xiānggǎng.	私は去年香港にいました。
	5	他 昨天 没 去 图书馆。 Tā zuótiān méi qù túshūguǎn.	彼はきのう図書館へ行きませんでした。 ★"没（有）〈méi (you)〉＋動詞"で未完了・未実現の意味を表します。
	6	我 昨天 买了 三 本 杂志。 Wǒ zuótiān mǎile sān běn zázhì.	私はきのう雑誌を3冊買いました。
	7	我 在 书店 买了 两 本 书。 Wǒ zài shūdiàn mǎile liǎng běn shū.	私は書店で本を2冊買いました。
	8	我 在 这儿 等了 四 个 小时。 Wǒ zài zhèr děngle sì ge xiǎoshí.	私はここで4時間待ちました。
	★"小时"〈xiǎoshí〉：時間。"数字＋个＋小时"で時間の長さを表す表現です。30分は、"半个小时"〈bàn ge xiǎoshí〉。分刻みの時間の長さは、"数字＋分〈fēn〉＋钟〈zhōng〉"で表します。例えば、5分間は、"五分钟"〈wǔ fēn zhōng〉です。		
	9	我 等了 她 三 个 小时。 Wǒ děngle tā sān ge xiǎoshí.	私は彼女を3時間待ちました。
	10	我 睡了 十 个 小时。 Wǒ shuìle shí ge xiǎoshí.	私は10時間寝ました。
	11	我 昨天 看了 八 个 小时 电视。 Wǒ zuótiān kànle bā ge xiǎoshí diànshì.	きのう私は8時間テレビを見ました。
	12	他 写了 三 封 信。 Tā xiěle sān fēng xìn.	彼は手紙を3通書きました。

13	你 上 星期日 做 什么？ Nǐ shàng xīngqīrì zuò shénme?	あなたは先週の日曜日に何をしましたか？
14	一九八九 年 你 在 哪儿？ Yījiǔbājiǔ nián nǐ zài nǎr?	1989年にあなたはどこにいましたか？
15	十 年 以前 我 在 美国 学 英语。 Shí nián yǐqián wǒ zài Měiguó xué Yīngyǔ.	10年前、私はアメリカで英語を勉強していました。
16	我 学了 十 年 英语。 Wǒ xuéle shí nián Yīngyǔ.	私は英語を10年間勉強しました。
17	他 没 去 北京。 Tā méi qù Běijīng.	彼は北京へ行きませんでした。
18	你 没有 去 英国 吗？ Nǐ méiyou qù Yīngguó ma?	あなたはイギリスへ行かなかったのですか？
19	今天 没 下 雨。 Jīntiān méi xià yǔ.	今日は雨が降りませんでした。
20	我 在 上海 住了 六 年。 Wǒ zài Shànghǎi zhùle liù nián.	私は上海に6年住みました。
21	我 喝了 三 杯 咖啡。 Wǒ hēle sān bēi kāfēi.	私はコーヒーを3杯飲みました。
22	他 用 中国话 问了 一些 问题。 Tā yòng Zhōngguóhuà wènle yìxiē wèntí.	彼は中国語でいくつか質問しました。
23	他 去年 五月 毕业。 Tā qùnián wǔyuè bìyè.	彼は去年の5月に卒業しました。
24	她 一九九五 年 毕业 于 东京 大学。 Tā yījiǔjiǔwǔ nián bìyè yú Dōngjīng Dàxué.	彼女は1995年に東京大学を卒業しました。
25	我 在 日本 的 时候，常常 吃 寿司。 Wǒ zài Rìběn de shíhou, chángcháng chī shòusī.	私は日本にいた時は、よく寿司を食べました。 ★ "…的 时候"〈…de shíhou〉：…の時。過去の習慣的な動作について述べる時は、動詞の後に"了"は付けません。

26	在 北京 的 时候，我 每天 打 太极拳。 Zài Běijīng de shíhou, wǒ měitiān dǎ tàijíquán.	私は北京にいた時は毎日太極拳をしました。
27	他们 去年 不 忙。 Tāmen qùnián bù máng.	彼らは去年忙しくありませんでした。
28	他们 六 点 钟 没有 来。 Tāmen liù diǎn zhōng méiyou lái.	彼らは6時に来ませんでした。
29	她 那天 没 吃 早饭。 Tā nàtiān méi chī zǎofàn.	彼女はその日は朝食を食べませんでした。
30	他们 明天 来。 Tāmen míngtiān lái.	彼らは明日来るでしょう。
31	你 明天 在 家 吗？ Nǐ míngtiān zài jiā ma?	明日は家にいますか？
32	他 下星期 坐 飞机 去 北京。 Tā xiàxīngqī zuò fēijī qù Běijīng.	彼は来週飛行機で北京へ行くでしょう。
33	你 明天 去 买 东西 吗？ Nǐ míngtiān qù mǎi dōngxi ma?	明日買い物に行きますか？
34	我们 明天 去 游泳。 Wǒmen míngtiān qù yóuyǒng.	私たちは明日泳ぎに行きます。
35	明天 你 忙 不 忙？ Míngtiān nǐ máng bu máng?	明日は忙しいですか？
36	我 下 星期三 打算 去 看 电影。 Wǒ xià xīngqīsān dǎsuan qù kàn diànyǐng.	私は来週の水曜日に映画に行くつもりです。 ★ "打算"〈dǎsuan〉:(後ろに動詞が来て)…するつもりだ。
37	你 打算 买 这 本 词典 吗？ Nǐ dǎsuan mǎi zhè běn cídiǎn ma?	この辞書を買うつもりですか？
38	你 打算 在 北京 住 几 天？ Nǐ dǎsuan zài Běijīng zhù jǐ tiān?	北京には何日間滞在するつもりですか？

39	我 马上 就 回来。 Wǒ mǎshang jiù huílái.	すぐ戻ります。 ★"马上"〈mǎshang〉：すぐ、ただちに。副詞の"就"〈jiù〉(すぐ、じきに)を伴うことがよくあります。
40	夏天 要 到 了。 Xiàtiān yào dào le.	もうじき夏です。 ★"要…了"〈yào…le〉：もうすぐ…となる、しそうだ。"要"の前に"快"〈kuài〉、"就"〈jiù〉などの副詞が置かれることもあります。
41	他 好象 要 哭 了。 Tā hǎoxiàng yào kū le.	彼は今にも泣き出しそうです。
42	飞机 快 起飞 了。 Fēijī kuài qǐfēi le.	飛行機は離陸するところです。
43	公共 汽车 快要 开 了。 Gōnggòng qìchē kuài yào kāi le.	バスはもうじき出ます。 ★"开"〈kāi〉：(自動車などがある場所を)離れる。
44	我们 六 号 走。 Wǒmen liù hào zǒu.	私たちは6日に出発します。
45	你 后天 有 事 吗？ Nǐ hòutiān yǒu shì ma?	あさって何か予定がありますか？ ★"有事"〈yǒu shì〉：用事がある。
46	我们 三 天 后 去 上海。 Wǒmen sān tiān hòu qù Shànghǎi.	私たちは3日後に上海へ行きます。
47	我 下个月 跟 她 一起 到 美国 去。 Wǒ xiàgeyuè gēn tā yìqǐ dào Měiguó qù.	私は来月彼女とアメリカへ行きます。

力だめし

A．次の中国語を日本語に訳しなさい。

1. 他 写了 三 封 信。
   Tā xiěle sān fēng xìn.

2. 在 北京 的 时候，我 每天 打 太极拳。
   Zài Běijīng de shíhou, wǒ měitiān dǎ tàijíquán.

3. 我 马上 就 回来。
   Wǒ mǎshang jiù huílái.

B．次の日本語を中国語に訳しなさい。

1. 私は去年香港にいました。

2. 私は彼女を3時間待ちました。

3. 北京には何日間滞在するつもりですか？

4. バスはもうじき出ます。

C．次の日本語の意味になるように空所に適語を入れなさい。

1. きのう私は8時間テレビを見ました。
   我（　　）看了 八个（　　）电视。

2. 今日は雨が降りませんでした。
   今天（　　）（　　）雨。

3. 明日は買い物に行きますか？
   你（　　）去 买（　　）吗？

82

83

第10日　她 跳 得 很 好
《彼女は踊りがうまいです》

● 学習のポイント

1. "主語＋《動詞＋得〈de〉》＋（副詞）＋形容詞"で習慣的な動作や完結した動作の程度を表します。

　　平叙文：**她 跳得 很 好。**（彼女は踊りがうまいです。）
　　　　　　Tā tiàode hěn hǎo.

◇ "（副詞）＋形容詞"の部分は「程度補語」と呼ばれています。

　　否定文：**她 跳得 不 好。**（彼女は踊りがうまくありません。）
　　　　　　Tā tiàode bù hǎo.

◇ 否定文は程度補語の部分を否定します。

　　疑問文：
　　タイプ《1》**她 跳得 好 吗？**（彼女は踊りがうまいですか？）
　　　　　　　Tā tiàode hǎo ma ?
　　タイプ《2》**她 跳得 好 不 好？**（彼女は踊りがうまいですか？）
　　　　　　　Tā tiàode hǎo bu hǎo ?

◇ 疑問文は、文末に"吗"をつける諾否疑問文《1》と肯定形と否定形を連続させる反復疑問文《2》とがあります。答えには、"好"、"不好"のように形容詞をそのまま用います。

★ 動詞が目的語を伴う時は、"主語＋（動詞）＋目的語＋《動詞＋得》＋（副詞）＋形容詞"の形をとります。《動詞＋得》の後に目的語がこないことに注意しましょう。前の部分の動詞は省略されることもあります。

　　他（说）英语 说得 很 好。（彼は英語を話すのがとてもうまいです。）
　　Tā (shuō) Yīngyǔ shuōde hěn hǎo.

2．"主語＋《動詞＋動詞／形容詞》＋（目的語）"で動作の結果や達成程度を表します。

平叙文：**我 吃饱 了。**（私はもう充分食べました。）
　　　　Wǒ chībǎo le.

◇ 動詞の後の"動詞／形容詞"の部分は「結果補語」と呼ばれています。

否定文：**我 没（有）吃饱。**（私はまだ充分食べていません。）
　　　　Wǒ méi (you) chībǎo.

◇ 否定文は"没（有）"を動詞の前に置いて作ります。

疑問文
タイプ《1》**你 吃饱 了 吗？**（あなたはもう充分食べましたか？）
　　　　　Nǐ chībǎo le ma?

タイプ《2》**你 吃饱 了 没有？**（あなたはもう充分食べましたか？）
　　　　　Nǐ chībǎo le méiyou?

◇ 疑問文は、文末に"吗"をつける諾否疑問文《1》と肯定形と否定形を連続させる反復疑問文《2》とがあります。答えには動詞の部分をそのまま使います。

3．動詞の後に置いて動作の移動方向を明示する「方向補語」の用法に慣れましょう。方向補語の主なものは次の通りです。
① "来"〈lái〉：現れる、"去"〈qù〉：消える
② "上"〈shàng〉：上る、"下"〈xià〉：下がる、"进"〈jìn〉：入る
　"出"〈chū〉：出る、"回"〈huí〉：戻る、"过"〈guò〉：過ぎる
　"起"〈qǐ〉：起きる
③ ②＋①の複合形
　"上来"、"下来"、"进来"、"出来"、"回来"、"过来"、"起来"、
　"上去"、"下去"、"进去"、"出去"、"回去"、"过去"、

◇ ①の部分は軽声になります。

◇ "起去"という言い方は使われていません。

例文チェック

1	他 说得 很 慢。 Tā shuōde hěn màn.	彼はゆっくり話します。
2	那个 中国人 说 日本话 Nàge Zhōngguórén shuō Rìběnhuà 说得 很 慢。 shuōde hěn màn.	あの中国人は日本語をとてもゆっくり話します。
3	他 游泳 游得 很 慢。 Tā yóuyǒng yóude hěn màn.	彼は泳ぐのがとても遅いです。
4	杰克 跑得 很 快。 Jiékè pǎode hěn kuài.	ジャックは速く走ります。
5	她 走得 很 快。 Tā zǒude hěn kuài.	彼女はとても速く歩きます。
6	她 英语 说得 不 太 流利。 Tā Yīngyǔ shuōde bú tài liúlì.	彼女は英語をあまり流暢に話しません。
7	他 说 法语 说得 很 流利。 Tā shuō Fǎyǔ shuōde hěn liúlì.	彼はフランス語を流暢に話します。
8	他 说 广东话 说得 好 吗？ Tā shuō Guǎngdōnghuà shuōde hǎo ma?	彼は広東語を話すのがうまいですか？
9	她 说 中国话 说得 很 好。 Tā shuō Zhōngguóhuà shuōde hěn hǎo.	彼女は中国語をとてもうまく話します。
10	很 多 中国人 说 英语 Hěn duō Zhōngguórén shuō Yīngyǔ 说得 很 流利。 shuōde hěn liúlì.	英語をとても流暢に話す中国人はたくさんいます。
11	我 开车 开得 不 好。 Wǒ kāichē kāide bù hǎo.	私は車の運転がうまくありません。
12	他 开车 开得 很 小心。 Tā kāichē kāide hěn xiǎoxīn.	彼は車の運転が慎重です。 ★"小心"〈xiǎoxīn〉:注意（用心）深い。
13	你 昨晚 睡得 好 吗？ Nǐ zuówǎn shuìde hǎo ma?	きのうの晩はよく眠れましたか？

14	他们 睡得 很 晚。 Tāmen shuìde hěn wǎn.	彼らは遅くに寝ました。
15	你 睡得 好 吗？ Nǐ shuìde hǎo ma?	よく眠れますか？
16	我 睡得 不 好。 Wǒ shuìde bù hǎo.	私はよく眠れません。
17	彼得 唱 歌 唱得 很 好。 Bǐdé chàng gē chàngde hěn hǎo.	ピーターは歌が上手です。
18	我 做 菜 做得 不 好。 Wǒ zuò cài zuòde bù hǎo.	私は料理がうまくありません。
19	她 做 鱼 做得 很 好。 Tā zuò yú zuòde hěn hǎo.	彼女は魚料理が上手です。
20	他们 学得 很 好。 Tāmen xuéde hěn hǎo.	彼らはとてもよく勉強しています。
21	他 吃得 太 多。 Tā chīde tài duō.	彼は食べ過ぎる方です。
22	我 吃得 很 快。 Wǒ chīde hěn kuài.	私は食べるのがとても速いです。
23	你 酒 喝得 多 吗？ Nǐ jiǔ hēde duō ma?	あなたはお酒をたくさん飲みますか？
24	我 抽 烟 抽得 很 多。 Wǒ chōu yān chōude hěn duō.	私はヘビースモーカーです。
25	他 用 筷子 用得 很 好。 Tā yòng kuàizi yòngde hěn hǎo.	彼は箸をとてもうまく使います。
26	她 写 字 写得 很 漂亮。 Tā xiě zì xiěde hěn piàoliang.	彼女はきれいな字を書きます。
27	他们 高兴得 很。 Tāmen gāoxìngde hěn.	彼らはとても喜びました。
28	他们 高兴得 跳了 起来。 Tāmen gāoxìngde tiàole qǐlai.	彼らは喜びのあまり跳びはねました。 ★"得"の前後が原因 - 結果の関係になっています。
29	他 看 书 看得 很 多。 Tā kàn shū kànde hěn duō.	彼は本をよく読みます。
30	工作 做完 了 吗？ Gōngzuò zuòwán le ma?	仕事は終わりましたか？

31	你看完那本书了吗？ Nǐ kànwán nà běn shū le ma?	その本を読み終わりましたか？
32	香蕉都卖完了。 Xiāngjiāo dōu màiwán le.	バナナはすべて売り切れです。
33	我写完那封信了。 Wǒ xiěwán nà fēng xìn le.	私はその手紙を書き終えました。
34	我听懂了。 Wǒ tīngdǒng le.	聞いて分かりました。
35	我看了一下，但是没看懂。 Wǒ kànle yíxià, dànshì méi kàndǒng.	ちらりと見ましたが、何か分かりませんでした。 ★ "一下"〈yíxià〉：(動詞の後について) ちょっと…する。 ★ "但是"〈dànshì〉：しかし、けれども。
36	你听清楚了吗？ Nǐ tīngqīngchu le ma?	はっきり聞き取れましたか？
37	护照还没找到。 Hùzhào hái méi zhǎodào.	パスポートはまだ見つかっていません。
38	衣服洗干净了。 Yīfu xǐgānjìng le.	服は洗ってきれいになりました。
39	你记住我的地址了吗？ Nǐ jìzhù wǒ de dìzhǐ le ma?	私の住所を覚えましたか？
40	他们都坐好了。 Tāmen dōu zuòhǎo le.	彼らは全員席に着きました。

| 41 | 我 听得懂 他 的 话。
Wǒ tīngdedǒng tā de huà. | 私は彼の話を聞いて分かります。 |

★ "動詞＋得／不＋結果補語／方向補語"は、動作が結果に到達可能か不可能かという意味を表す言い方で、可能補語と呼ばれています。よく出てくるものは次の通りです。
"看得见"〈kàndejiàn〉：見える
"看不见"〈kànbujiàn〉：見えない
"听不懂"〈tīngbudǒng〉：聞いて分からない
"买不到"〈mǎibudào〉：（品物がなくて）買えない
"买不起"〈mǎibuqǐ〉：（値段が高くて）買えない
"吃不了"〈chībuliǎo〉：食べきれない
"回得来"〈huídelái〉：帰って来られる
"回不来"〈huíbulái〉：帰って来られない
"听不清楚"〈tīngbuqīngchu〉：はっきり聞こえない

42	他 在 哪儿？我 看不见。 Tā zài nǎr? Wǒ kànbujiàn.	彼はどこにいますか？私には見えません。
43	你 可以 进来。 Nǐ kěyǐ jìnlái.	入ってもいいですよ。
44	杰克 进来 了。 Jiékè jìnlai le.	ジャックが入ってきました。
45	他们 回 美国 去 了。 Tāmen huí Měiguó qù le.	彼らはアメリカへ帰って行きました。 ★ "回去"〈huíqù〉：帰る、戻る。"回＋場所＋去"の語順です。
46	我 妻子 回来 了。 Wǒ qīzi huílái le.	妻が帰ってきました。
47	那个 孩子 站起来 了。 Nàge háizi zhànqǐlai le.	その子供は立ち上がりました。 ★ "站"〈zhàn〉：立つ。 ★ "起来"〈qǐlai〉：動詞の後に置かれ、動作の起動を表します。
48	太郎 唱起来 了。 Tàiláng chàngqǐlai le.	太郎が歌い始めました。
49	下起 雨 来 了。 Xiàqǐ yǔ lai le.	雨が降り出しました。

力だめし

A．次の中国語を日本語に訳しなさい。

1．我 做 菜 做得 不 好。
　　Wǒ zuò cài zuòde bù hǎo.

_____

2．你 听清楚 了 吗？
　　Nǐ tīngqīngchu le ma?

_____

3．他们 回 美国 去 了。
　　Tāmen huí Měiguó qù le.

_____

B．次の日本語を中国語に訳しなさい。

1．彼女は英語をあまり流暢に話しません。

_____

2．彼は車の運転が慎重です。

_____

3．仕事は終わりましたか？

_____

4．その子供は立ち上がりました。

_____

C．次の日本語の意味になるように空所に適語を入れなさい。

1．きのうの晩はよく眠れましたか？
　　你 昨晚（　　　　）好 吗？

2．私はその手紙を書き終えました。
　　我（　　　　）了 那 封 信。

3．入ってもいいですよ。
　　你 可以（　　　　）。

ディクテーション（Ⅱ）

- 第6日めから第10日までのまとめです。
  ＣＤを聴いて文を書き取りましょう。

1．どちらにお勤めですか？

2．彼女が誰か知っていますか？

3．どんな音楽が好きですか？

4．彼は中日辞典を欲しがっています。

5．彼の北京の住所は分かりますか？

6．ハンバーガーを3つください。

7．私は飛行機には乗りたくありません。

8．私は英語を10年間勉強しました。

9．彼は広東語を話すのがうまいですか？

10．その子供は立ち上がりました。

第11日　我 在 听 音乐
《私は音楽を聴いています》

●学習のポイント

1. "主語+在［正／正在］+動詞（+目的語）+呢"で進行中の動作を表します。"在"〈zài〉、"正"〈zhèng〉、"正在"〈zhèngzài〉、"呢"〈ne〉のいづれか一つがなくても進行の意味は伝わります。

    平叙文：**我 在 听 音乐。**（私は音楽を聴いています。）
    　　　　Wǒ zài tīng yīnyuè.

    否定文：**我 没 在 听 音乐。**（私は音楽を聴いていません。）
    　　　　Wǒ méi zài tīng yīnyuè.

    ◇ 否定文は動詞の前に"没(有)"を置きます。

    疑問文：**你 在 听 音乐 吗?**（あなたは音楽を聴いていますか？）
    　　　　Nǐ zài tīng yīnyuè ma?

    ◇ 疑問文は、文末に"吗"を置く諾否疑問文が一般的です。

2. "主語+動詞+着+（吗）"で動作の持続と動作の結果が続いている状態を表します。

    平叙文：**我 等着 他。**（私は彼を待っています。）
    　　　　Wǒ děngzhe tā.

    否定文：**我 没有 等 他。**（私は彼を待っていません。）
    　　　　Wǒ méiyou děng tā.

    ◇ 否定文は同じように"没(有)"を用います。また、"着"は動作の持続の場合は使われないのが一般的です。

疑問文
　　タイプ《1》你 等着 他 吗？（あなたは彼を待っていますか？）
　　　　　　　Nǐ děngzhe tā ma?

　　タイプ《2》你 等着 他 没有？（あなたは彼を待っていますか？）
　　　　　　　Nǐ děngzhe tā méiyou?

◇ 疑問文は、文末に"吗"を置く諾否疑問文と"没有"を置く反復疑問文とがあります。

状態の持続の例を見てみましょう。
　　教室 的 门 开着。（教室のドアは開いています。）
　　Jiàoshì de mén kāizhe.

"开着"の前に"没（有）"を置けば否定文になりますが、単独で用いられるよりも、疑問文の答えとしての方が使われる頻度は高いでしょう。ある中国人は、「持続していないことをなぜ表現する必要があるのか」と言っていましたが、用いられる場面は、限られているようです。

　　A：教室 的 门 开着 吗？（教室のドアは開いていますか？）
　　　　Jiàoshì de mén kāizhe ma?

　　B：没（有）开着。（開いていません。）
　　　　Méi (you) kāizhe.

また、"動詞＋着＋動詞"の組み合わせで、「…して〜する」「…しながら〜する」という意味を表すことができます。いくつか言い回しを見ておきましょう。
　　走着 去：歩いて行く　坐着 说：座って話す
　　zǒuzhe qù　　　　　　zuòzhe shuō

　　站着 听：立ったまま聞く　躺着 看：寝そべって読む
　　zhànzhe tīng　　　　　　　tǎngzhe kàn

3．"不…了"「もはや…ではない」の否定表現に慣れましょう。また、その他の否定表現は例文チェックで見ていくことにしましょう。
　　我 不 是 学生 了。（私はもう学生ではありません。）
　　Wǒ bú shì xuésheng le.

例文チェック

1	你 在 干 什么？ Nǐ zài gàn shénme ?	あなたは何をしていますか？
2	我 在 看 杂志。 Wǒ zài kàn zázhì.	私は雑誌を読んでいます。
3	你 在 看 杂志 吗？ Nǐ zài kàn zázhì ma ?	あなたは雑誌を読んでいますか？
4	我 没 看 杂志。 Wǒ méi kàn zázhì.	私は雑誌を読んでいません。
5	他 现在 做 什么 呢？ Tā xiànzài zuò shénme ne ?	彼は今何をしていますか？
6	你 认为 他 在 干 什么？ Nǐ rènwéi tā zài gàn shénme ?	あなたは彼が何をしていると思いますか？ ★"认为"〈rènwéi〉：思う、考える。
7	他 在 抽 烟。 Tā zài chōu yān.	彼はタバコを吸っています。
8	杰克 在 看 报。 Jiékè zài kàn bào.	ジャックは新聞を読んでいます。
9	她 正在 看 电视 呢。 Tā zhèngzài kàn diànshì ne.	彼女はテレビを見ているところです。 ★"正在"〈zhèngzài〉：ちょうど…している、まさに…の最中である。
10	她 正在 打 电话 呢。 Tā zhèngzài dǎ diànhuà ne.	彼女は電話しているところです。
11	她 正在 发 传真 呢。 Tā zhèngzài fā chuánzhēn ne.	彼女はファックスを送っているところです。
12	她 在 写 信。 Tā zài xiě xìn.	彼女は手紙を書いています。
13	他 在 打 太极拳。 Tā zài dǎ tàijíquán.	彼は太極拳をしています。
14	他 在 练 气功 吗？ Tā zài liàn qìgōng ma ?	彼は気功をしていますか？
15	他 在 吃 早饭。 Tā zài chī zǎofàn.	彼は朝食を食べています。

16	我 在 吃 午饭。 Wǒ zài chī wǔfàn.	私は昼食を食べています。
17	我们 在 吃 晚饭。 Wǒmen zài chī wǎnfàn.	私たちは夕飯を食べています。
18	他们 在 踢 足球。 Tāmen zài tī zúqiú.	彼らはサッカーをしています。
19	他们 现在 学习 英文 呢。 Tāmen xiànzài xuéxí Yīngwén ne.	彼らは今英語を勉強しています。
20	我们 在 开会。 Wǒmen zài kāihuì.	私たちは会議中です。 ★"开会"〈kāihuì〉：会議をする。
21	他 在 做 作业。 Tā zài zuò zuòyè.	彼は宿題をしています。
22	他们 在 唱 歌。 Tāmen zài chàng gē.	彼らは歌を歌っています。
23	外面 在 下 雨。 Wàimiàn zài xià yǔ.	外は雨が降っています。
24	日本 在 变化。 Rìběn zài biànhuà.	日本は変わりつつあります。
25	你 在 等 谁？ Nǐ zài děng shéi?	あなたは誰を待っていますか？
26	谁 在 弹 钢琴 呢？ Shéi zài tán gāngqín ne?	誰がピアノをひいていますか？
27	他们 等着 你。 Tāmen děngzhe nǐ.	彼らはあなたを待っています。
28	他 在 哪儿 等着 我 呢？ Tā zài nǎr děngzhe wǒ ne?	彼はどこで私を待っていますか？
29	她 在 沙发 上 坐着。 Tā zài shāfā shang zuòzhe.	彼女はソファーに座っています。
30	她 戴着 一 顶 红 帽子。 Tā dàizhe yì dǐng hóng màozi.	彼女は赤い帽子をかぶっています。 ★"戴"〈dài〉：(帽子を) かぶる。「(メガネなどを) かける」「(指輪などを) はめる」という意味を表す時にも使う動詞です。
31	他 戴着 一 副 眼镜。 Tā dàizhe yí fù yǎnjìng.	彼はメガネをかけています。 ★"副"〈fú〉：対になっている物を数える量詞です。

32	墙 上 挂着 中国 地图 呢。 Qiáng shang guàzhe Zhōngguó dìtú ne.	壁には中国の地図が掛かっています。 ★"挂"〈guà〉：掛ける、掛かる。
33	桌子 上 放着 一些 杂志。 Zhuōzi shang fàngzhe yìxiē zázhì.	机の上に雑誌が何冊か置かれています。 ★"放"〈fàng〉：置く。
34	他 拿着 一 本 杂志。 Tā názhe yì běn zázhì.	彼は手に雑誌を持っています。 ★"拿"〈ná〉：手でつかむ、持つ。
35	明天 下午 他们 一定 滑雪 呢。 Míngtiān xiàwǔ tāmen yídìng huáxuě ne.	明日の午後彼らはきっとスキーをしているでしょう。 ★"一定"〈yídìng〉：確かに、きっと。
36	他 昨天 在 做 实验。 Tā zuótiān zài zuò shíyàn.	彼はきのう実験をしていました。
37	昨天 我 回家 的 时候，我 妻子 在 吃着 晚饭 呢。 Zuótiān wǒ huí jiā de shíhou, wǒ qīzi zài chīzhe wǎnfàn ne.	きのう私が帰った時、妻は夕飯を食べていました。
38	她们 笑着 谈天。 Tāmen xiàozhe tántiān.	彼女たちは笑っておしゃべりをしていました。 ★"谈天"〈tántiān〉：世間話をする。
39	他 不 在 图书馆 了。 Tā bú zài túshūguǎn le.	彼はもう図書館にはいません。
40	我 不 抽 烟 了。 Wǒ bù chōu yān le.	私はもうタバコは吸っていません。
41	他 不 认识 我们 了。 Tā bú rènshi wǒmen le.	彼はもう私たちのことが分かりません。
42	我 已经 不 学 法语 了。 Wǒ yǐjing bù xué Fǎyǔ le.	私はもうフランス語は勉強していません。
43	我 什么 也 不 知道。 Wǒ shénme yě bù zhīdao.	私は何も知りません。
44	我 什么 也 不 要。 Wǒ shénme yě bú yào.	私は何もいりません。
45	我 没 说 什么。 Wǒ méi shuō shénme.	私は何も言いませんでした。

46	他 是 老师, 不 是 学生。 Tā shì lǎoshī, bú shì xuésheng.	彼は学生ではなくて先生です。
47	我 没 想到 他 在 这儿。 Wǒ méi xiǎngdào tā zài zhèr.	彼がここにいるとは夢にも思いませんでした。 ★"想到"〈xiǎngdào〉：思い付く、気が付く。
48	谁 都 没 来。 Shéi dōu méi lái.	誰も来ませんでした。
49	她们 都 没 来。 Tāmen dōu méi lái.	彼女たちの誰も来ませんでした。
50	英文 一点儿 也 不 难。 Yīngwén yìdiǎnr yě bù nán.	英語は全然難しくありません。
51	我 也 不 喜欢 英文。 Wǒ yě bù xǐhuan Yīngwén.	私も英語が嫌いです。
52	你 也 不 喜欢 吃 鱼 吗？ Nǐ yě bù xǐhuan chī yú ma?	あなたも魚が嫌いですか？
53	我们 也 没有 去 看 电影。 Wǒmen yě méiyou qù kàn diànyǐng.	私たちも映画に行きませんでした。
54	我 一点儿 钱 也 没有。 Wǒ yìdiǎnr qián yě méiyǒu.	私はお金は一銭もありません。
55	我 没有 兄弟 也 没有 姐妹。 Wǒ méiyǒu xiōngdì yě méiyǒu jiěmèi.	私には兄弟も姉妹もいません。

力だめし

A. 次の中国語を日本語に訳しなさい。

1. 他们 在 踢 足球。
   Tāmen zài tī zúqiú.

   _____

2. 他 拿着 一 本 杂志。
   Tā názhe yì běn zázhì.

   _____

3. 我 没 想到 他 在 这儿。
   Wǒ méi xiǎngdào tā zài zhèr.

   _____

B. 次の日本語を中国語に訳しなさい。

1. あなたは何をしていますか？

   _____

2. 彼はタバコを吸っています。

   _____

3. 彼女は赤い帽子をかぶっています。

   _____

4. 彼はもう図書館にはいません。

   _____

C. 次の日本語の意味になるように空所に適語を入れなさい。

1. 彼女はテレビを見ているところです。
   她（　　　）看 电视（　　　）。

2. 彼はどこで私を待っていますか？
   他 在 哪儿（　　　）我（　　　）？

3. 私は何も知りません。
   我（　　　）也 不 知道。

王府井鞋业
WANGFUJING FOOTWARE INDUSTRY

第12日　我 去过 上海
《私は上海へ行ったことがあります》

●学習のポイント

1. "主語+《動詞+过》(+目的語)"で「…したことがある」という過去の経験を表します。

　　平叙文：**我　去过　上海。**（私は上海へ行ったことがあります。）
　　　　　　Wǒ　qùguo　Shànghǎi.

　　否定文：**我　没（有）去过　上海。**（私は上海へ行ったことがありません。）
　　　　　　Wǒ　méi　(you)　qùguo Shànghǎi.

◇ 否定文は動詞の前に"没（有）"を置きます。

　　疑問文：
　　タイプ《1》**你　去过　上海　吗？**
　　　　　　　 Nǐ　qùguo Shànghǎi ma ?

　　　　　　（あなたは上海へ行ったことがありますか？）

　　タイプ《2》**你　去过　上海　没有？**
　　　　　　　 Nǐ　qùguo Shànghǎi méiyou ?

　　　　　　（あなたは上海へ行ったことがありますか？）

　　タイプ《3》**你　去　没　去过　上海？**
　　　　　　　 Nǐ　qù　méi　qùguo Shànghǎi ?

　　　　　　（あなたは上海へ行ったことがありますか？）

◇ 疑問文は、文末に"吗"を置く諾否疑問文と肯定形と否定形を連続させる反復疑問文が2種類あります。タイプ《3》では、最初の"过"が省略されています。

◇ 英語を勉強したことのある人なら、現在完了形の用法として（1）完了・結果、（2）経験、（3）継続の分類を思い浮かべるでしょう。
　上の例文は、（2）経験にあたります。
　　例文チェックでは、分かりやすいように、この分類に従って文を見ていくことにしましょう。

2. 中国語で、「ちょっと…する」という意味を表すには、次のような表現方法が使われます。

《1》動詞を重ね合わせる

　　请 你 看看。(どうかちょっとごらんになって下さい。)
　　Qǐng nǐ　kànkan.

◇ 重ね合わせた後の方は軽声になります。

◇ 2音節の動詞は、"研究研究"〈yánjiūyanjiu〉「ちょっと考慮する」、"休息休息"〈xiūxixiuxi〉「ちょっと休む」のように重ね合わせます。また、《動詞と目的語》型の2音節の動詞は、次のように重ね合わせます。

　　散步────→散散步：ちょっと散歩する。
　　sànbù　　　sànsanbù

　　打球────→打打球：ちょっと球技をする。
　　dǎqiú　　　dǎdaqiú

《2》動詞の後に"一下"〈yíxià〉「ちょっと」、"一会儿"〈yíhuìr〉「しばらくの間」を置く。

　　请 等 一下。(少しお待ち下さい。)
　　Qǐng děng　yíxià.

　　咱们 休息 一会儿 吧。(少し休みましょう。)
　　Zánmen xiūxi　yíhuìr　ba.

3. 名詞を所有化する"的"の働きはすでに見ましたが、動詞表現の後に置かれると、英語の関係代名詞の働きをします。

　　喝 咖啡 的 人：コーヒーを飲む人。
　　hē kāfēi de rén

　　想 去 美国 的 人：アメリカへ行きたい人。
　　xiǎng qù Měiguó de rén

例文チェック

[完了・結果]

24	1	我 今天 看了 三 本 书 了。 Wǒ jīntiān kànle sān běn shū le.	私は今日本を3冊読みました。 ★文末の"了"がなければ、単なる過去の行為を表す文になります。
	2	春天 来 了。 Chūntiān lái le.	春が来た。 ★"春天了"とすると「春になった」というニュアンスです。
	3	他 去了 中国 了。 Tā qùle Zhōngguó le.	彼は中国へ行ってしまいました。
	4	谁 来 了? Shéi lái le?	誰が来ていますか?
	5	你 已经 做完 工作 了 吗? Nǐ yǐjing zuòwán gōngzuò le ma?	仕事はもう終えましたか?
	6	你 父亲 找到 工作 了 吗? Nǐ fùqin zhǎodào gōngzuò le ma?	お父さん仕事見つかりましたか?
	7	我 还 没有 看完 这 本 小说。 Wǒ hái méiyou kànwán zhè běn xiǎoshuō.	私はこの小説をまだ読み終わっていません。 ★"还"〈hái〉:まだ…(ではない)。否定表現とともに用い、行為の未完了を表す副詞です。
	8	他 已经 回 美国 去 了。 Tā yǐjing huí Měiguó qù le.	彼はもうアメリカへ戻りました。
	9	他们 大概 走 了。 Tāmen dàgài zǒu le.	彼らはおそらく出発したでしょう。 ★"大概"〈dàgài〉:たぶん、おそらく。

[経験]

10	我 去过 纽约。 Wǒ qùguo Niǔyuē.	私はニューヨークへ行ったことがあります。
11	我们 去过 洛杉矶。 Wǒmen qùguo Luòshānjī.	私たちはロサンゼルスへ行ったことがあります。
12	我 没 去过 泰国。 Wǒ méi qùguo Tàiguó.	私はタイへ行ったことはありません。
13	他 没 去过 墨西哥。 Tā méi qùguo Mòxīgē.	彼はメキシコへ行ったことはありません。
14	你 去过 成都 吗？ Nǐ qùguo Chéngdū ma?	あなたは成都へ行ったことがありますか？
15	你 去过 广州 吗？ Nǐ qùguo Guǎngzhōu ma?	あなたは広州へ行ったことがありますか？
16	你们 去过 大阪 没有？ Nǐmen qùguo Dàbǎn méiyou?	あなたたちは大阪へ行ったことがありますか？
17	你 去过 横滨 吗？ Nǐ qùguo Héngbīn ma?	あなたは横浜へ行ったことがありますか？
18	我 去过 那儿 两 次。 Wǒ qùguo nàr liǎng cì.	私はそこへ２回行ったことがあります。

★ "次"〈cì〉:回、度。"数詞＋次"で動作の回数を表し、動量詞と呼ばれています。動詞の目的語が代名詞（"那儿"：そこ）ですので、動量詞は必ず目的語の後に置かれます。動詞の目的語が代名詞ではない時は、動量詞は次のように目的語の前でも後でも構いません。
我 去过 三 次 北海道。（私は北海道へ３回行ったことがあります。）
Wǒ qùguo sān cì Běihǎidào.
我 去过 北海道 三 次。
Wǒ qùguo Běihǎidào sān cì.
このルールを次の例文でも確認しましょう。
我 见过 他 两 次。（私は彼に２回会ったことがあります。）
Wǒ jiànguo tā liǎng cì.
我 见过 两 次 李 教授。（私は李教授に２回会ったことがあります。）
Wǒ jiànguo liǎng cì Lǐ jiàoshòu.
我 见过 李 教授 两 次。
Wǒ jiànguo Lǐ jiàoshòu liǎng cì.

19	你 坐过 飞机 吗？ Nǐ zuòguo fēijī ma?	あなたは飛行機に乗ったことはありますか？

20	你 学过 语言学 吗？ Nǐ xuéguo yǔyánxué ma?	あなたは言語学を勉強したことがありますか？
21	你 吃过 北京烤鸭 吗？ Nǐ chīguo Běijīngkǎoyā ma?	あなたは北京ダックを食べたことがありますか？
22	我 没 喝过 茅台酒。 Wǒ méi hēguo máotáijiǔ.	私はマオタイ酒を飲んだことがありません。
23	你 以前 来过 这儿 吗？ Nǐ yǐqián láiguo zhèr ma?	あなたは以前ここへ来たことがありますか？

[継続]

24	我 在 东京 住了 十五 年 了。 Wǒ zài Dōngjīng zhùle shíwǔ nián le.	私は東京に住んで15年になります。 ★文末の"了"がなければ過去の事実を表します。
25	你 学 英文 学了 几 年 了？ Nǐ xué Yīngwén xuéle jǐ nián le?	あなたは英語を勉強して何年になりますか？
26	我 学 中文 学了 八 年 了。 Wǒ xué Zhōngwén xuéle bā nián le.	私は中国語を勉強して8年です。
27	我 认识 他 三 年 了。 Wǒ rènshi tā sān nián le.	私は彼と知り合って3年になります。
28	我 来 北京 一 个 月 了。 Wǒ lái Běijīng yí ge yuè le.	私は北京に来て1カ月です。
29	我 在 这儿 工作 四 年 多 了。 Wǒ zài zhèr gōngzuò sì nián duō le.	私はここに勤めて4年あまりです。 ★"多"〈duō〉：(数量詞の後につけて)…あまり。
30	他们 结婚 六 年 了。 Tāmen jiéhūn liù nián le.	彼らは結婚して6年になります。
31	她 笑了笑。 Tā xiàolexiào.	彼女は微笑みました。
32	请 你 看看。 Qǐng nǐ kànkan.	ちょっとごらんになって下さい。

33	我 看 一下 可以 吗？ Wǒ kàn yíxià kěyǐ ma?	ちょっと見ていいですか？
34	我 考虑考虑。 Wǒ kǎolùkaolù.	考えてみましょう。
35	请 睡 一会儿 吧。 Qǐng shuì yíhuìr ba.	少し眠ったらどうですか。 ★ "吧"〈ba〉：文末に置かれ提案を表す助詞です。
36	这 是 他 去年 买 的 房子。 Zhè shì tā qùnián mǎi de fángzi.	これは彼が去年買った家です。
37	那 是 约翰 盖 的 房子。 Nà shì Yuēhàn gài de fángzi.	あれはジョンが建てた家です。
38	我 认识 写 这 本 书 的 人。 Wǒ rènshi xiě zhè běn shū de rén.	この本を書いた人を知っています。
39	有 能 说 英语 的 医生 吗？ Yǒu néng shuō Yīngyǔ de yīshēng ma?	英語が話せる医者はいますか？

力だめし

A．次の中国語を日本語に訳しなさい。
1．我 今天 看了 三 本 书 了。
　　Wǒ jīntiān kànle sān běn shū le.

2．我 在 这儿 工作 四 年 多 了。
　　Wǒ zài zhèr gōngzuò sì nián duō le.

3．请 睡 一会儿 吧。
　　Qǐng shuì yíhuìr ba.

B．次の日本語を中国語に訳しなさい。
1．私は彼に2回会ったことがあります。

2．私は中国語を勉強して8年です。

3．ちょっと見ていいですか？

4．これは彼が去年買った家です。

C．次の日本語の意味になるように空所に適語を入れなさい。
1．彼は中国へ行ってしまいました。
　　他（　　　）中国（　　　）。

2．私はタイへ行ったことがありません。
　　我（　　　）（　　　）泰国。

3．英語が話せる医者はいますか？
　　有 能 说 英语（　　　）医生 吗？

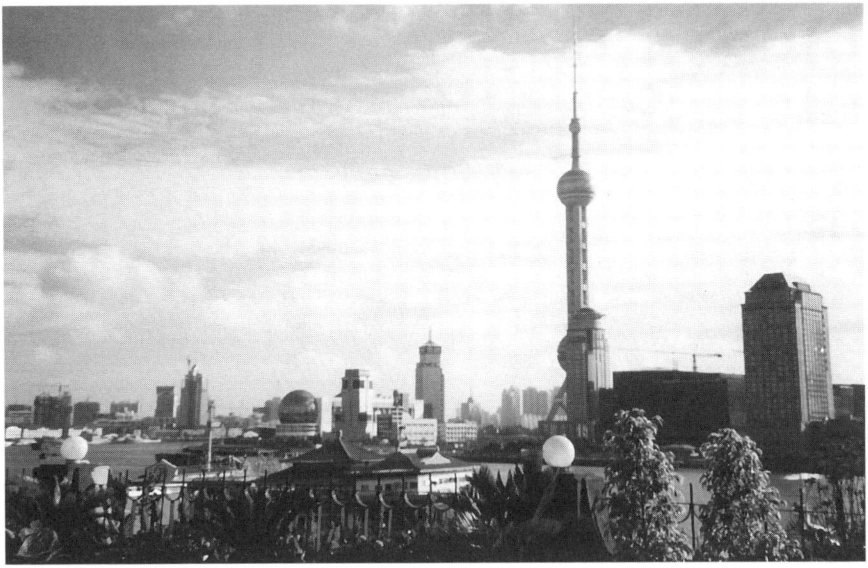

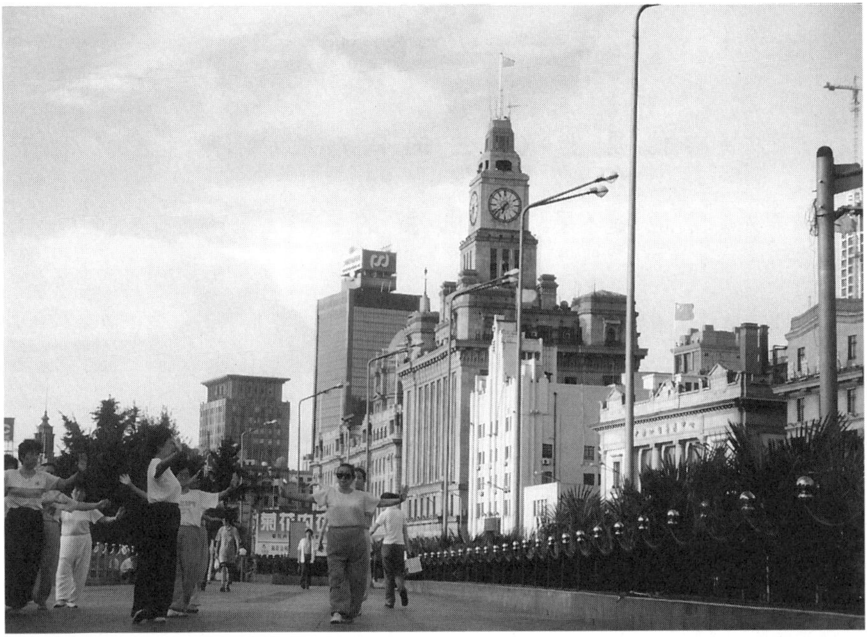

第13日　他是昨天去的
《彼はきのう行きました》

●学習のポイント

1．"是…的"構文

　完了した行為の行われた時間、場所、理由、目的、手段などに焦点を置く言い方に慣れましょう。…の中の動詞以外の部分が強調されます。例文を見てみましょう。

　　平叙文：他 是 坐 飞机 去 的。（彼は飛行機で行きました。）
　　　　　　Tā shì zuò fēijī qù de.

◇「行った」という事実は前提条件として了解済みで、「飛行機で」という手段・方法が強調されています。

　　否定文：他 不 是 坐 飞机 去 的。（彼は飛行機で行きませんでした。）
　　　　　　Tā bú shì zuò fēijī qù de.

◇ 否定文は"是"の前に"不"を置いて作ります。

　　疑問文
　　タイプ《1》他 是 坐 飞机 去 的 吗？（彼は飛行機で行きましたか？）
　　　　　　　Tā shì zuò fēijī qù de ma?
　　タイプ《2》他 是不是 坐 飞机 去 的？（彼は飛行機で行きましたか？）
　　　　　　　Tā shìbushi zuò fēijī qù de?

◇ 疑問文は、文末に"吗"をつける諾否疑問文と肯定形と否定形を連続させる反復疑問文とがあります。

2．"把"構文（処置文）

　"動詞＋目的語"の構造ではなく、"把＋特定の目的語＋動詞"の形式で、特定（既知情報としての）の目的語に意図的に処置や操作を加え、その結果が具現されている意味を強調する言い方です。
　また、ここでの動詞は、状態を表す動詞ではなく、動作を表す動詞が用いられます。

平叙文：我 把 那 本 小说 看完 了。（私はその小説を読み終えました。）
　　　　Wǒ bǎ nà běn xiǎoshuō kànwán le.

否定文：我 没（有）把 那 本 小说 看完。
　　　　Wǒ méi (you) bǎ nà běn xiǎoshuō kànwán.

（私はその小説を読み終えませんでした。）

◇ 否定文は"没（有）"を"把"の前に置きます。意図的な処置や操作の結果について述べるのがこの構文の特徴ですから、動作は実現していることが前提で、"不"は普通用いられません。ただし、「…したくない」という願望を表す時などは、"不"が使われます。

他 不 想 把 汽车 卖掉。（彼は車を売りたがってはいません。）
Tā bù xiǎng bǎ qìchē màidiào.

★ "掉"〈diào〉：他動詞の後に置かれた結果補語で、排除、消失の意味を表します。"卖掉"で表される意図的な処置は「売っぱらう」です。

疑問文：
タイプ《1》你 把 那 本 小说 看完 了 吗？
　　　　　　Nǐ bǎ nà běn xiǎoshuō kànwán le ma?

（あなたはその小説を読み終えましたか？）

タイプ《2》你 把 那 本 小说 看完 了 没（有）？
　　　　　　Nǐ bǎ nà běn xiǎoshuō kànwán le méi (you) ?

（あなたはその小説を読み終えましたか？）

◇ 疑問文には、文末に"吗"を置く諾否疑問文《1》と肯定形と否定形を連続させる反復疑問文《2》とがあります。答えには、動詞の部分をそのまま用いることができます。

3．付加疑問文

文末に"吧"〈ba〉、"是不是"〈shìbushi〉、"是吗"〈shìma〉、"对吗"〈duìma〉を置いて、「…ですね」と確認する言い方があります。

他 是 学生 吧？ （彼は学生ですね？）
Tā shì xuésheng ba ?

你 是 中国人 是不是？ （あなたは中国人ですね？）
Nǐ shì Zhōngguórén shìbushi ?

例文チェック

[時間に焦点を置く]

25	1	他 是 昨天 去 的。 Tā shì zuótiān qù de.	彼はきのう行きました。
	2	她 去年 结婚 的。 Tā qùnián jiéhūn de.	彼女は去年結婚しました。 ★"是"は省略されることがあります。
	3	他 是 上月 去 的 北京。 Tā shì shàngyuè qù de Běijīng.	彼は先月北京へ行きました。 ★"的"の後ろに目的語が来ることがあります。ただし、目的語が代名詞の時は"的"の後ろにはきません。
	4	我 是 八月 开始 学 广东话 的。 Wǒ shì bāyuè kāishǐ xué Guǎngdōnghuà de.	私は8月に広東語を勉強し始めました。 ★"开始"〈kāishǐ〉：始める、着手する。目的語は例文のように動詞のこともあります。
	5	你 是 几 点 钟 吃 的 午饭？ Nǐ shì jǐ diǎn zhōng chī de wǔfàn?	あなたは何時に昼食を食べましたか？
	6	你 是 什么 时候 买 的？ Nǐ shì shénme shíhou mǎi de?	あなたはいつ買いましたか？
	7	你 是 什么 时候 来 日本 的？ Nǐ shì shéme shíhou lái Rìběn de?	あなたはいつ日本へ来ましたか？
	8	我 是 去年 七月 来 的。 Wǒ shì qùnián qīyuè lái de.	私は去年の7月に来ました。
	9	你 什么 时候 到 的 东京？ Nǐ shénme shíhou dào de Dōngjīng?	あなたはいつ東京に着きましたか？ ★"是"が省略され、目的語が"的"の後ろに置かれています。
	10	他们 是 五 点 钟 来 的 吗？ Tāmen shì wǔ diǎn zhōng lái de ma?	彼らは5時に来ましたか？

11	他 不 是 六 点 钟 来 的。 Tā bú shì liù diǎn zhōng lái de.	彼は6時に来ませんでした。
12	他 是 六 点 半 来 的。 Tā shì liù diǎn bàn lái de.	彼は6時半に来ました。
13	你 是 哪 年 生 的？ Nǐ shì nǎ nián shēng de?	あなたは何年に生まれましたか？
14	我 是 一九八五 年 生 的。 Wǒ shì yījiǔbāwǔ nián shēng de.	私は1985年に生まれました。

[手段に焦点を置く]

15	你 是 怎么 来 日本 的？ Nǐ shì zěnme lái Rìběn de?	あなたはどうやって日本へ来ましたか？
16	你 是 坐 火车 来 的 吗？ Nǐ shì zuò huǒchē lái de ma?	あなたは電車で来ましたか？
17	我 是 坐 公共 汽车 来 的。 Wǒ shì zuò gōnggòng qìchē lái de.	私はバスで来ました。
18	你 是 坐 出租 汽车 去 的 吗？ Nǐ shì zuò chūzū qìchē qù de ma?	あなたはタクシーで行きましたか？
19	我 是 骑 自行车 去 的。 Wǒ shì qí zìxíngchē qù de.	私は自転車で行きました。
20	我们 是 走路 来 的。 Wǒmen shì zǒulù lái de.	私たちは歩いて来ました。 ★"走路"〈zǒulù〉：歩く。
21	你 是 坐 火车 去 的，还是 坐 公共 汽车 去 的？ Nǐ shì zuò huǒchē qù de, háishi zuò gōnggòng qìchē qù de?	あなたは電車で行きましたか、それともバスで行きましたか？

[行為者に焦点を置く]

22	去年 是 谁 去 的 台湾？ Qùnián shì shéi qù de Táiwān?	去年台湾へ行ったのは誰ですか？
23	这 本 书 是 康德 写 的。 Zhè běn shū shì Kāngdé xiě de.	この本はカントが書きました。
24	这 三 瓶 威士忌酒 是 我 买 的。 Zhè sān píng wēishìjìjiǔ shì wǒ mǎi de.	このウィスキー3本は私が買いました。
25	这个 工作 是 他 做 的。 Zhège gōngzuò shì tā zuò de.	この仕事は彼がやりました。

[対象者に焦点を置く]

26	你 是 跟 谁 去 买 的？ Nǐ shì gēn shéi qù mǎi de?	あなたは誰と一緒に買いに行きましたか？
27	我 是 跟 他 一起 去 的。 Wǒ shì gēn tā yìqǐ qù de.	私は彼と一緒に行きました。

[場所に焦点を置く]

28	你 是 在 哪儿 学 的 日本话？ Nǐ shì zài nǎr xué de Rìběnhuà?	あなたはどこで日本語を学びましたか？
29	你 是 在 哪儿 见到 的 王 先生？ Nǐ shì zài nǎr jiàndào de Wáng xiānsheng?	あなたはどこで王さんに会いましたか？
30	你 也 是 从 日本 来 的 吗？ Nǐ yě shì cóng Rìběn lái de ma?	あなたもお国は日本ですか？ ★"从"〈cóng〉：…から。

31	我 把 这 本 书 看 了 五 次。 Wǒ bǎ zhè běn shū kàn le wǔ cì.	私はこの本を5回読みました。 ★動詞＋頻度補語
32	请 把 你 的 护照 给 我 看看。 Qǐng bǎ nǐ de hùzhào gěi wǒ kànkan.	パスポートを見せて下さい。 ★動詞の重ね型
33	把 啤酒 拿来。 Bǎ píjiǔ nálái.	おい、ビール。 ★"拿来"〈nálái〉：持って来る。
34	请 把 这个 写 下来。 Qǐng bǎ zhège xiě xiàlai.	これを書き留めてください。 ★動詞＋方向補語
35	我 想 把 日元 换成 欧元。 Wǒ xiǎng bǎ Rìyuán huànchéng Ōuyuán.	日本円をユーロに換えたいんです。 ★動詞＋結果補語
36	我 想 把 这 本 小说 翻译成 日本话。 Wǒ xiǎng bǎ zhè běn xiǎoshuō fānyìchéng Rìběnhuà.	私はこの小説を日本語に翻訳したいんです。
37	请 把 这个 照相机 修理 一下。 Qǐng bǎ zhège zhàoxiàngjī xiūlǐ yíxià.	このカメラを修理して下さい。 ★動詞＋"一下"
38	他 把 花瓶 打碎 了。 Tā bǎ huāpíng dǎsuì le.	彼は花瓶をこなごなにしました。 ★"打碎"〈dǎsuì〉：打ち砕く、壊す。
39	你 是 护士 吧？ Nǐ shì hùshi ba？	あなたは看護婦ですね？
40	你 是 日本人 是不是？ Nǐ shì Rìběnrén shìbushi？	あなたは日本人ですね？
41	你 认识 杰克，是 吗？ Nǐ rènshi Jiékè, shì ma？	あなたはジャックを知っていますね？
42	你 是 美国人，对 吗？ Nǐ shì Měiguórén, duì ma？	あなたはアメリカ人ですね？

力だめし

A．次の中国語を日本語に訳しなさい。

1．他 不 是 六 点 钟 来 的。
　　Tā bú shì liù diǎn zhōng lái de.

2．请 把 这个 写 下来。
　　Qǐng bǎ zhège xiě xiàlai.

3．你 认识 杰克，是吗？
　　Nǐ rènshi Jiékè, shìma?

B．次の日本語を中国語に訳しなさい。

1．彼は先月北京へ行きました。

2．あなたはいつ日本へ来ましたか？

3．パスポートを見せて下さい。

4．あなたは日本人ですね？

C．次の日本語の意味になるように空所に適語を入れなさい。

1．あなたはどこで日本語を学びましたか？
　　你（　　）在 哪儿 学 的 日本话？

2．彼は花瓶をこなごなにしました。
　　他（　　）花瓶 打碎 了。

3．あなたは学生ですね？
　　你 是 学生（　　）？

星巴克咖啡
STARBUCKS COFFEE

KFC
肯德基

吉野家
YOSHINOYA
吉野家餐厅
50米

买1.2.3号套餐,送麦当劳创意直尺

第14日　中文 比 英文 难
《中国語は英語より難しいです》

● 学習のポイント

Ⅰ．比較表現

1. "比"〈bǐ〉を用いた比較表現

"A＋比＋B＋形容語句"で「AはBより…である」という意味を表します。

平叙文：她 比 我 高。（彼女は私より背が高いです。）
　　　　Tā bǐ wǒ gāo.

否定文：她 没 有 我 高。（彼女は私より背が高くありません。）
　　　　Tā méi yǒu wǒ gāo.

◇ 否定文は一般的に"没有"を用います。"不"を用いて"不比"とすると「…というわけではありません」というニュアンスが伝わります。何らかの前提条件（言語学の用語では旧情報）がある場合に使う言い方です。

疑問文：
タイプ《1》她 比 我 高 吗？（彼女は私より背が高いですか？）
　　　　　Tā bǐ wǒ gāo ma?

タイプ《2》她 有 没 有 我 高？（彼女は私より背が高いですか？）
　　　　　Tā yǒu mei you wǒ gāo?

◇ 疑問文は、文末に"吗"を置く諾否疑問文《1》と肯定形と否定形を連続させる反復疑問文《2》とがあります。

2. "有"〈yǒu〉を用いた比較表現

"A＋有＋B＋（这么／那么）＋形容語句"で、「AはBくらい…である」という意味を表します。

平叙文：她 有 你 那么 重。（彼女はあなたくらい体重があります。）
　　　　Tā yǒu nǐ nàme zhòng.

否定文：她 没 有 你 那么 重。（彼女はあなたほど体重はありません。）
　　　　Tā méi yǒu nǐ nàme zhòng.

疑問文：

タイプ《1》 她 有 你 那么 重 吗？
　　　　　Tā yǒu nǐ nàme zhòng ma?

（彼女はあなたくらい体重がありますか？）

タイプ《2》 她 有 没 有 你 那么 重？
　　　　　Tā yǒu mei you nǐ nàme zhòng?

（彼女はあなたくらい体重がありますか？）

◎ 否定文、疑問文は、1と同じように作ります。

3．"跟"〈gēn〉を用いた比較表現

"A＋跟＋B＋一样＋形容語句"で、「AはBと同じくらい…である」という意味を表します。例文を見ておきましょう。

她 跟 你 一样 胖。（彼女はあなたと同じくらい太っています。）
Tā gēn nǐ yíyàng pàng.

Ⅱ．受け身表現

"A＋受け身を表す介詞＋B＋動詞"で「AはBに…される」という意味を表します。受け身を表す介詞には、"被"〈bèi〉、"让"〈ràng〉、"叫"〈jiào〉などがあります。一般的には、"被"は文語で、"让"、"叫"は口語で使われる傾向があるとされています。例文を見ておきましょう。

杰克 让 狗 咬 了。（ジャックは犬に咬まれました。）
Jiékè ràng gǒu yāo le.

Ⅲ．使役表現

"A＋使役動詞＋B＋動詞（＋目的語）"で「AがBに…される」という意味を表します。使役動詞には、"使"〈shǐ〉、"叫"〈jiào〉、"让"〈ràng〉があります。例文は次の通りです。

我 妻子 叫 我 去 买 东西。（妻は私を買い物に行かせます。）
Wǒ qīzi jiào wǒ qù mǎi dōngxi.

例文チェック

1	她 比 我 高。 Tā bǐ wǒ gāo.	彼女は私より背が高いです。	
2	她 比 我 高 一点儿。 Tā bǐ wǒ gāo yìdiǎnr.	彼女は私より少し背が高いです。	
3	她 比 我 高 四 公分。 Tā bǐ wǒ gāo sì gōngfēn.	彼女は私より4センチ背が高いです。 ★"公分"〈gōngfēn〉：センチメートル。	
4	她 比 我 高得多。 Tā bǐ wǒ gāodeduō.	彼女は私よりずっと背が高いです。	
5	她 比 我 矮。 Tā bǐ wǒ ǎi.	彼女は私より背が低いです。	
6	她 比 我 瘦。 Tā bǐ wǒ shòu.	彼女は私よりやせています。	
7	她 比 我 瘦得多。 Tā bǐ wǒ shòudeduō.	彼女は私よりずっとやせています。	
8	他 比 我 大。 Tā bǐ wǒ dà.	彼は私より年上です。	
9	他 比 我 大 三 岁。 Tā bǐ wǒ dà sān suì.	彼は私より3つ年上です。	
10	他 比 我 小。 Tā bǐ wǒ xiǎo.	彼は私より年下です。	
11	他 比 我 小 五 岁。 Tā bǐ wǒ xiǎo wǔ suì.	彼は私より5つ年下です。	
12	中文 比 英文 难。 Zhōngwén bǐ Yīngwén nán.	中国語は英語より難しいです。	
13	我 比 我 妻子 聪明 一点儿。 Wǒ bǐ wǒ qīzi cōngming yìdiǎnr.	私は妻より少し賢いです。	
14	这个 比 那个 贵 一点儿。 Zhège bǐ nàge guì yìdiǎnr.	こちらの方があちらより少し値段が高いです。	
15	这 本 词典 比 那 本 词典 更 好。 Zhè běn cídiǎn bǐ nà běn cídiǎn gèng hǎo.	この辞書はあの辞書よりも更にすぐれています。 ★"更"〈gèng〉：ますます、いっそう。	

16	今天 比 昨天 冷。 Jīntiān bǐ zuótiān lěng.	今日はきのうより寒いです。
17	札幌 比 热海 冷。 Zháhuǎng bǐ Rèhǎi lěng.	札幌は熱海より寒いです。
18	美国 比 日本 大。 Měiguó bǐ Rìběn dà.	アメリカは日本より大きいです。
19	澳大利亚 比 日本 大 二十一 倍。 Àodàlìyà bǐ Rìběn dà èrshiyī bèi.	オーストラリアは日本の21倍の大きさです。
20	日本 没 有 中国 大。 Rìběn méi yǒu Zhōngguó dà.	日本は中国ほど大きくはありません。
21	我 的 英语 没 有 你 的 德语 好。 Wǒ de Yīngyǔ méi yóu nǐ de Déyǔ hǎo.	私の英語はあなたのドイツ語ほどうまくはありません。
22	他 说 中国话 没 有 你 说得 那么 流利。 Tā shuō Zhōngguóhuà méi yǒu nǐ shuōde nàme liúlì.	彼はあなたと同じくらい流暢に中国語を話しません。
23	她 唱 歌 比 我 唱得 好多了。 Tā chàng gē bǐ wǒ chàngde hǎoduōle.	彼女は私より歌がずっと上手です。
24	我 跟 你 一样 累。 Wǒ gēn nǐ yíyàng lèi.	私はあなたと同じくらい疲れています。
25	法语 跟 英文 一样 难 吗？ Fǎyǔ gēn Yīngwén yíyàng nán ma?	フランス語は英語と同じくらい難しいですか？
26	他 吃得 跟 你 一样 多。 Tā chīde gēn nǐ yíyàng duō.	彼はあなたと同じくらいたくさん食べます。
27	这 两架 收音机 不 一样。 Zhè liǎng jià shōuyīnjī bù yíyàng.	この2台のラジオは同じではありません。
28	请 你 说 慢 一点儿。 Qǐng nǐ shuō màn yìdiǎnr.	もう少しゆっくり話して下さい。

29	请 你 走 快 一点儿。 Qǐng nǐ zǒu kuài yìdiǎnr.	もう少し速く歩いて下さい。
30	越 早 越 好。 Yuè zǎo yuè hǎo.	早ければ早いほどいいです。 ★ "越…越～"〈yuè...yuè~〉：…すればするほど～である。
31	越 多 越 好。 Yuè duō yuè hǎo.	多ければ多いほどいいです。
32	她 越 来 越 胖。 Tā yuè lái yuè pàng.	彼女は太る一方です。 ★ "越 来 越…"〈yuè lái yuè…〉：（時間の経過とともに）ますます…である。
33	学 中文 的 日本人 越 来 Xué Zhōngwén de Rìběnrén yuè lái 越 多 了。 yuè duō le.	ますます多くの日本人が中国語を学んでいます。
34	他们 的 最 好。 Tāmen de zuì hǎo.	彼らのが一番いいです。
35	富士山 是 日本 最 高 的 Fùshìshān shì Rìběn zuì gāo de 山。 shān.	富士山は日本で一番高い山です。
36	我 最 喜欢 夏天。 Wǒ zuì xǐhuan xiàtiān.	私は夏が一番好きです。
37	谁 来得 最 早？ Shéi láide zuì zǎo?	誰が一番早く来ましたか？
38	这 是 最 贵 的 中国菜。 Zhè shì zuì guì de Zhōngguócài.	これが一番高い中華料理です。
39	我 被 我 妻子 打了 一 Wǒ bèi wǒ qīzi dǎle yí 顿。 dùn.	私は妻に殴られました。 ★ "顿"〈dùn〉：動作の回数を表す量詞です。
40	那个 花瓶 被 他 拿走 了。 Nàge huāpíng bèi tā názǒu le.	その花瓶は彼に持っていかれました。
41	收音机 让 他 给 弄坏 了。 Shōuyīnjī ràng tā gěi nònghuài le.	ラジオは彼によって壊されました。 ★ "让〈ràng〉…给〈gěi〉＋動詞"の受け身の形式もあります。

42	这 是 什么 做 的？ Zhè shì shénme zuò de?	これは何で作られていますか？ ★受け身を表す介詞なしで受け身の意味を伝える言い方です。
43	会议 是 星期一 举行 的。 Huìyì shì xīngqīyī jǔxíng de.	会議は月曜日に行われました。
44	这 本 书 是 用 英文 写 的。 Zhè běn shū shì yòng Yīngwén xiě de.	この本は英語で書かれています。
45	他 不 让 我 开 他 的 车。 Tā bú ràng wǒ kāi tā de chē.	彼は自分の車を私に運転させてくれません。
46	让 我 看看 你 的 照片。 Ràng wǒ kànkan nǐ de zhàopiàn.	あなたの写真を見せて下さい。
47	让 我 尝尝 这 汤 的 味道。 Ràng wǒ chángchang zhè tāng de wèidao.	このスープの味見をさせて下さい。 ★"汤"〈tāng〉：スープ、吸い物。 ★"味道"〈wèidao〉：味。
48	让 我 打开 窗户。 Ràng wǒ dǎkāi chuānghu.	私が窓を開けましょう。
49	这个 消息 使 我们 很 高兴。 Zhège xiāoxi shǐ wǒmen hěn gāoxìng.	この知らせに私たちはとても喜びました。
50	那个 消息 使 她 悲伤 万分。 Nàge xiāoxi shǐ tā bēishāng wànfēn.	その知らせに彼女はとても悲しみました。 ★"万分"〈wànfēn〉：とても、極めて。

力だめし

A．次の中国語を日本語に訳しなさい。

1．这个 比 那个 贵 一点儿。
　　Zhège bǐ nàge guì yìdiǎnr.

　_____

2．她 越 来 越 胖。
　　Tā yuè lái yuè pàng.

　_____

3．这个 消息 使 我们 很 高兴。
　　Zhège xiāoxi shǐ wǒmen hěn gāoxìng.

　_____

B．次の日本語を中国語に訳しなさい。

1．中国語は英語より難しいです。

　_____

2．今日はきのうより寒いです。

　_____

3．もう少しゆっくり話して下さい。

　_____

4．この本は英語で書かれています。

　_____

C．次の日本語の意味になるように空所に適語を入れなさい。

1．彼は私より5つ年下です。
　　他（　　　）我（　　　　）五 岁。

2．日本は中国ほど大きくはありません。
　　日本（　　　　）（　　　　）中国（　　　　　）。

3．私は妻に殴られました。
　　我（　　　　）我 妻子 打了 一顿。

ディクテーション（Ⅲ）

- 第11日めから第14日めまでのまとめです。
  ＣＤを聴き文を書き取りましょう。

1．彼は今何をしていますか？

2．外は雨が降っています。

3．私はもうタバコは吸っていません。

4．私はこの小説をまだ読み終わっていません。

5．私は北海道へ３回行ったことがあります。

6．彼と知り合って６年になります。

7．少し休みましょう。

8．これはジャックが建てた家です。

9．私は８月に中国語を勉強し始めました。

10．私の英語はあなたのドイツ語ほどうまくありません。

申奥机身形象设计方案

Ⅱ．すぐに使える表現

　中国語のしくみをひと通り勉強した後は、発想別あるいは状況別にすぐに使える表現をまとめて頭の中の整理箱に入れ、自由に取り出せるようにしておくことが必要です。
　このように分類された表現は、概念別表現、状況別表現、機能別表現などと呼ばれています。会話に役立つだけではなく、分類項目を頭に入れておけば、中国語を読んだり、聴いたりした時のインプット量が増えていくというメリットもあります。取り上げてある表現を覚えてどんどん使いましょう。文法的にも意味の点でも納得して覚えられるはずです。

《機能別表現》

1 あいさつの表現

> 出会いのあいさつ

1	こんにちは。 (おはようございます／こんばんは) ★一日中使える便利な表現です。こう言われたら同じように、"你好。"と答えればいいでしょう。 ★相手に対する敬意を表す時は、"您好"〈Nín hǎo〉です。	你好。 Nǐ hǎo.
2	みなさん、こんにちは。 (おはようございます／こんばんは) ★相手が複数の時の言い方です。ただし、"您们好"とは言いません。	你们好。 Nǐmen hǎo.
3	田中さん、こんにちは。 (おはようございます／こんばんは) ★"先生"〈xiānsheng〉：…さん。男性に対する敬称。 ★名前を呼んであいさつする時の言い方です。"你好"の後に名前を持ってきて、"你好, 田中先生。"という言い方もできます。	田中 先生, 你 好。 Tiánzhōng xiānsheng, nǐ hǎo.
4	望月さん、こんにちは。 (おはようございます／こんばんは) ★"女士"〈nǚshì〉：…さん。女性に対する敬称。未婚女性には"小姐"〈xiǎojie〉が、既婚女性には"夫人"〈fūrén〉が使われます。	望月 女士, 你 好。 Wàngyuè nǚshì, nǐ hǎo.
5	高橋先生、こんにちは。 (おはようございます／こんばんは) ★"老师"〈lǎoshī〉：学校の先生に対する敬称です。	高桥 老师, 您 好。 Gāoqiáo lǎoshī, nín hǎo.

6	先生、こんにちは。 (おはようございます／こんばんは)	老师 好。 Lǎoshī hǎo.
7	部長、こんにちは。 (おはようございます／こんばんは) ★"部长"〈bùzhǎng〉：部長。"主任" 〈zhǔrèn〉という言い方もあります。こ のように役職名を呼んであいさつする こともできます。次の語で置き換え練 習をしましょう。 "经理"〈jīnglǐ〉：支配人、"科长"〈kēzhǎng〉 ：課長、"董事"〈dǒngshì〉：取締役、"常任 董事"〈chángréndǒngshì〉：常務、"专任董 事"〈zhuānrèndǒngshì〉：専務、"总经理" 〈zǒngjīnglǐ〉：社長	部长 好。 Bùzhǎng hǎo.
8	周さん、こんにちは。 (おはようございます／こんばんは) ★"小"〈xiǎo〉：…さん（ちゃん／君)。 自分より年下で1字の姓の人の姓の前 につけて親しみを表します。 　目上の人や敬意を抱く人で同じよ うに1字の姓の人には姓の前に"老" 〈lǎo〉をつけます。 ★中国人に多い姓は次の通りです。 "王"〈Wáng〉、"张"〈Zhāng〉、"李"〈Lǐ〉、 "刘"〈Liú〉、"赵"〈Zhào〉、"林"〈Lín〉、 "周"〈Zhōu〉、"金"〈Jīn〉	小 周，你 好。 Xiǎo Zhōu, nǐ hǎo.
9	元気ですか？ ★「元気です」と答える時は、"我 很 好。" 〈Wǒ hěn hǎo〉と言います。 ★「あなたはどうですか？」と聞き返す 時は、"你 怎么样？"〈Nǐ zěnmeyàng?〉 または、"你 呢？"〈Nǐ ne?〉が使えま す。こう聞かれて、「ありがとうござ います。私も元気です」は、"谢谢, 我 也 很 好。"〈Xièxie, wǒ yě hěn hǎo〉 と言います。	你 好 吗？ Nǐ hǎo ma?

10	おはようございます。 ★"早"〈zǎo〉：朝。"早上 好"〈Zǎoshang hǎo〉"という言い方もあります。"早上"は「朝」という意味です。 ★親しい間柄の時は、"早"だけも使われます。	你 早。 Nǐ zǎo.
11	王さん、おはようございます。	王 先生，你 早。 Wáng xiānsheng, nǐ zǎo.
12	山田さん、おはようございます。	早上 好，山田 小姐。 Zǎoshang hǎo, Shāntián xiǎojie.
13	こんばんは。 ★"晚上"〈wǎnshang〉：夕方、晚、	晚上 好。 Wǎnshang hǎo.
14	小林さん、こんばんは。	小林 先生，晚上 好。 Xiǎolín xiānsheng, wǎnshang hǎo.
15	お久しぶりですね。 ★"好久"〈hǎojiǔ〉：長い間。 ★"好久没见了"〈Hǎojiǔ méi jiàn le〉という言い方もあります。	好久 不 见 了。 Hǎojiǔ bú jiàn le.
16	お久しぶりですね。お元気ですか？	好久 不 见 了，你 好 吗？ Hǎojiǔ bú jiàn le, nǐ hǎo ma?
17	青木さん、お久しぶりですね。お元気ですか？	青木 先生，好久 不 见 了，你 好 吗？ Qīngmù xiānsheng, hǎojiǔ bú jiàn le, nǐ hǎo ma?
18	お元気ですか？	你 身体 好 吗？ Nǐ shēntǐ hǎo ma?

別れのあいさつ

19	さようなら	再见。 Zàijiàn.
20	また明日。	明天 见。 Míngtiān jiàn.

21	あさってまた会いましょう。	后天 见。 Hòutiān jiàn.
22	またあとで。 ★"回头"〈huítóu〉：しばらくして、後で。	回头 见。 Huítóu jiàn.
23	東京でまたお会いしましょう。 ★再会の場所を示す言い方です。	东京 见。 Dōngjīng jiàn.
24	お休みなさい。	晚安。 Wǎn'ān.
25	お気をつけて。	请 慢 走。 Qǐng màn zǒu.
26	鈴木さんによろしくお伝え下さい。 ★"向"〈xiàng〉：…に対して。 ★"问好"〈wènhǎo〉：よろしく言う、ご機嫌を伺う。	请 向 铃木 先生 问好。 Qǐng xiàng Língmù xiānsheng wènhǎo.

2 紹介の表現

自己紹介

紹介を切り出す

27	自己紹介させて下さい。 ★ "自己"〈zìjǐ〉：自分、自身。 ★ "来"〈lái〉：動詞の前に用い積極性を表します。	我 来 介绍 一下 我 自己。 Wǒ lái jièshào yíxià wǒ zìjǐ.

名　　前

28	私は松島と申します。 ★ "姓"〈xìng〉：姓は…である。姓だけを述べる言い方です。	我 姓 松岛。 Wǒ xìng Sōngdǎo.
29	私は松島菜奈と申します。 ★ "叫"〈jiào〉：名前が…である。	我 叫 松岛 菜奈。 Wǒ jiào Sōngdǎo Càinài.
30	私は姓が松島で、名は菜奈です。	我 姓 松岛，名字 叫 Wǒ xìng Sōngdǎo, míngzi jiào 菜奈。 Càinài.
31	私は安倍なつみです。 ★ひらがなの名前は、漢字をあてて中国語の発音で読みます。あてる漢字によって発音は違ってきます。「奈津美」という漢字をあてれば、〈Nàijīnměi〉と発音されます。	我 叫 安倍 夏美。 Wǒ jiào Ānbèi Xiàměi.
32	私は花咲カニと申します。 ★カタカナの名前も同じように漢字をあてます。「可儿」という漢字をあてれば、〈Kěʼér〉と発音されます。また「儿」は中国語では、"儿"という漢字になります。	我 叫 花咲 蟹。 Wǒ jiào Huāxiào Xiè.

紹介のあいさつ

33	はじめまして。 ★"初次"〈chūcì〉：初回、初めて、第1回。 ★"见面"〈jiànmiàn〉：対面する、顔を合わせる。	初次 见面。 Chūcì jiànmiàn.
34	はじめまして中村太郎と申します。	初次 见面，我 叫 中村 太郎。 Chūcì jiànmiàn, wǒ jiào Zhōngcūn Tàiláng.
35	どうぞよろしくお願いします。 ★"关照"〈guānzhào〉：面倒をみる、世話をする。	请 多 关照。 Qǐng duō guānzhào.
36	中村太郎と申します。どうぞよろしくお願いします。	我 叫 中村 太郎，请 多 关照。 Wǒ jiào Zhōngcūn Tàiláng, qǐng duō guānzhào.
37	お会いできて（お知りあいになれて）うれしいです。	认识 你 很 高兴。 Rènshi nǐ hěn gāoxìng.
38	こちらこそお会いできて（お知りあいになれて）うれしいです。	认识 你 我 也 很 高兴。 Rènshi nǐ wǒ yě hěn gāoxìng.
39	よろしくご指導をお願いします。 ★"指教"〈zhǐjiào〉：指導する、教え導く。	请 多 指教。 Qǐng duō zhǐjiào.

誕生年、年齢

40	私は1988年に東京で生まれました。	我 一九八八 年 生 在 东京。 Wǒ yījiǔbābā nián shēng zài Dōngjīng.
41	私は19歳です。	我 十九 岁（了）。 Wǒ shíjiǔ suì (le).
42	私は今年22歳になります。	我 今年 二十二 岁 了。 Wǒ jīnnián èrshi'èr suì le.

| 43 | 誕生日は10月21日です。 | 我 的 生日 十 月 二十一 号。
Wǒ de shēngrì shí yuè èrshiyī hào. |

身分、職業

44	私は学生です。	我 是 学生。 Wǒ shì xuésheng.
45	私は大学生です。	我 是 大学生。 Wǒ shì dàxuéshēng.
46	私は大学1年生です。	我 是 大学 一 年级 学生。 Wǒ shì dàxué yī niánjí xuésheng.
47	私は大学2年生です。	我 是 大学 二 年级 学生。 Wǒ shì dàxué èr niánjí xuésheng.
48	私は大学3年生です。	我 是 大学 三 年级 学生。 Wǒ shì dàxué sān niánjí xuésheng.
49	私は大学4年生です。	我 是 大学 四 年级 学生。 Wǒ shì dàxué sì niánjí xuésheng.
50	私は岐阜大学の学生です。	我 是 岐阜 大学 的 学生。 Wǒ shì Qífù Dàxué de xuésheng.
51	私は岐阜大学教育学部の3年生です。	我 是 岐阜 大学 教育系 三 年级 的 学生。 Wǒ shì Qífù Dàxué jiàoyùxì sān niánjí de xuésheng.

52	私の専攻は哲学です。 ★次の語で置き換え練習をしましょう。 "历史学"〈lìshǐxué〉：歴史学、"法学"〈fǎxué〉：法学、"药学"〈yàoxué〉：薬学、"心理学"〈xīnlǐxué〉：心理学、"美术"〈měishù〉：美術、"体育"〈tǐyù〉：体育、"电气工程学"〈diànqìgōngchéngxué〉：電気工学、"机械工程学"〈jīxiègōngchéngxué〉：機械工学、"农学"〈nóngxué〉：農学、"医学"〈yīxué〉：医学	我 的 专业 是 哲学。 Wǒ de zhuānyè shì zhéxué.
53	私はコンピューターを勉強しています。	我 在 学 电脑。 Wǒ zài xué diànnǎo.
54	私は公務員です。 ★次の語で置き換え練習をしましょう。 "美容师"〈měiróngshī〉：美容師、"理发师"〈lǐfàshī〉：理容師	我 是 公务员。 Wǒ shì gōngwùyuán.
55	私は事務員です。 "木匠"〈mùjiàng〉：大工、"消防人员"〈xiāofángrényuán〉：消防士、"翻译"〈fānyì〉：通訳、"女服务员"〈nǚfúwùyuán〉：ウェイトレス	我 是 办事员。 Wǒ shì bànshìyuán.
56	私はアルバイトです。 "会计师"〈kuàijìshī〉：会計士、"渔民"〈yúmín〉：漁師、"音乐家"〈yīnyuèjiā〉：音楽家、"剧作家"〈jùzuòjiā〉：脚本家	我 是 临时工。 Wǒ shì línshígōng.
57	私は病院で働いています。	我 在 医院 工作。 Wǒ zài yīyuàn gōngzuò.
58	私は銀行勤めです。	我 在 银行 工作。 Wǒ zài yínháng zōngzuò.
59	私は十六銀行に勤めています。	我 在 十六 银行 工作。 Wǒ zài Shíliù Yínháng gōngzuò.
60	私は新聞社に勤めています。	我 在 报社 工作。 Wǒ zài bàoshè gōngzuò.
61	私は保険会社に勤めています。	我 在 保险 公司 工作。 Wǒ zài bǎoxiǎn gōngsī gōngzuò.
62	私は証券会社に勤めています。	我 在 证券 公司 工作。 Wǒ zài zhèngquàn gōngsī gōngzuò.

63	私は貿易会社に勤めています。	我 在 贸易 公司 工作。 Wǒ zài màoyì gōngsī gōngzuò.
64	私は旅行社に勤めています。	我 在 旅行社 工作。 Wǒ zài lǚxíngshè gōngzuò.
65	私はデパートに勤めています。	我 在 百货 公司 工作。 Wǒ zài bǎihuò gōngsī gōngzuò.
66	私は独身です。 ★"单身"〈dānshēn〉:独身、独り者。	我 是 单身。 Wǒ shì dānshēn.
67	私は結婚しています。 ★"我 还 没 结婚。"〈Wǒ hái méi jiéhūn.〉と言えば、「私はまだ結婚していません（つまり独身）」という意味です。	我 结婚 了。 Wǒ jiéhūn le.
68	私は一人っ子です。 ★"独生子"〈dúshēngzǐ〉:一人息子。「一人娘」は"独生女"〈dúshēngnǚ〉です。	我 是 独生子。 Wǒ shì dúshēngzǐ.
69	私は長男です。 ★「次男」は"次子"〈cìzǐ〉、"二儿子"〈èr'érzi〉です。	我 是 大儿子。 Wǒ shì dà'érzi.
70	私は長女です。 ★「次女」は"次女"〈cìnǚ〉、"第二 个 女儿"〈dì'èr ge nǚ'ér〉です。	我 是 大女儿。 Wǒ shì dànǚ'ér.

趣　味

71	私の趣味は音楽です。	我 的 爱好 是 音乐。 Wǒ de àihào shì yīnyuè.
72	私はジャズが好きです。 ★次の語で置き換え練習をしましょう。 "古典音乐"〈gǔdiǎnyīnyuè〉:クラシック、"摇滚乐"〈yáogǔnyuè〉:ロック、"军乐"〈jūnyuè〉:マーチ、"乡村音乐"〈xiāngcūnyīnyuè〉:カントリー、"流行歌曲"〈liúxínggēqǔ〉:ポップス	我 喜欢 听 爵士乐。 Wǒ xǐhuan tīng juéshìyuè.

73	私は映画にはまっています。 ★"迷"〈mí〉:…狂、マニア、ファン。"…迷"の形で次のように使われます。"高尔夫球迷"〈gāo'ěrfūqiúmí〉:ゴルフ狂、"棒球迷"〈bàngqiúmí〉:野球狂、"美式足球迷"〈Měishìzúqiúmí〉:アメリカンフットボールの大ファン	我 是 电影迷。 Wǒ shì diànyǐngmí.
74	私は熱烈なサッカーファンです。	我 是 足球迷。 Wǒ shì zúqiúmí.
75	私は映画が大好きです。	我 非常 喜欢 看 电影。 Wǒ fēicháng xǐhuan kàn diànyǐng.
76	私はアクション映画が好きです。	我 喜欢 看 动作片。 Wǒ xǐhuan kàn dòngzuòpiàn.
77	私はアニメ映画が好きではありません。	我 不 喜欢 看 动画片。 Wǒ bù xǐhuan kàn dònghuàpiàn.
78	私は演劇が好きです	我 喜欢 看 戏剧。 Wǒ xǐhuan kàn xìjù.
79	私はオペラが好きです。 ★"爱"〈ài〉:好む、好く。	我 爱 看 歌剧。 Wǒ ài kàn gējù.
80	私はミュージカルが一番好きです。	我 最 喜欢 看 音乐剧。 Wǒ zuì xǐhuan kàn yīnyuèjù.
81	私は旅行が好きです。	我 喜欢 去 旅行。 Wǒ xǐhuan qù lǚxíng.
82	私は武術に興味があります。 ★"对"〈duì〉:…に対して、ついて。 ★"感"〈gǎn〉:感じる、思う。"兴趣"〈xìngqù〉:興味、関心。	我 对 武术 感 兴趣。 Wǒ duì wǔshù gǎn xìngqù.
83	私は中国の歴史に興味があります。	我 对 中国 历史 感 Wǒ duì Zhōngguó lìshǐ gǎn 兴趣。 xìngqù.
84	私はテニスには興味はありません。	我 对 网球 不 感 兴趣。 Wǒ duì wǎngqiú bù gǎn xìngqù.
85	私はピアノを弾きます。 ★"弹"〈tán〉:弾く、演奏する。	我 弹 钢琴。 Wǒ tán gāngqín.

86	私はバイオリンを弾きます。	我 拉 小提琴。 Wǒ lā xiǎotíqín.

家族紹介

87	私の家は4人家族です。 ★"口"〈kǒu〉：（家族など）人数を数える量詞です。	我 家 有 四 口 人。 Wǒ jiā yǒu sì kǒu rén.
88	私の家は、父と母と妹と私の4人家族です。	我 家 有 四 口 人。爸爸, Wǒ jiā yǒu sì kǒu rén. Bàba, 妈妈, 妹妹 和 我。 māma, mèimei hé wǒ.
89	私の父は今年55歳、母は52歳です。	我 爸爸 今年 五十五 岁, Wǒ bàba jīnnián wǔshiwǔ suì, 妈妈 五十二 岁。 māma wǔshi'èr suì.
90	私の父は会社勤めです。	我 爸爸 在 公司 工作。 Wǒ bàba zài gōngsī gōngzuò.
91	私の父は大学教授です。	我 爸爸 是 大学 教授。 Wǒ bàba shì dàxué jiàoshòu.
92	私の母は主婦です。	我 妈妈 是 家庭 妇女。 Wǒ māma shì jiātíng fùnǚ.
93	私には弟が2人います。	我 有 两 个 弟弟。 Wǒ yǒu liǎng ge dìdi.
94	私には兄がひとりいます。	我 有 一 个 哥哥。 Wǒ yǒu yí ge gēge.
95	私には妹が3人います。	我 有 三 个 妹妹。 Wǒ yǒu sān ge mèimei.
96	私には姉が4人います。	我 有 四 个 姐姐。 Wǒ yǒu sì ge jiějie.
97	私には兄弟はいません。	我 没 有 兄弟 姐妹。 Wǒ méi yǒu xiōngdì jiěmèi.
98	私の姉は郵便局に勤めています。	我 姐姐 在 邮局 工作。 Wǒ jiějie zài yóujú gōngzuò.
99	私の姉にはボーイフレンドがいます。	我 姐姐 有 男朋友。 Wǒ jiějie yǒu nánpéngyou.

100	私の妹はもうすぐ結婚します。	我 妹妹 要 结婚 了。 Wǒ mèimei yào jiéhūn le.
101	私の兄は小学校の先生です。	我 哥哥 是 小学 老师。 Wǒ gēge shì xiǎoxué lǎoshī.
102	私の兄にはガールフレンドがいません。	我 哥哥 没 有 女朋友。 Wǒ gēge méi yǒu nǚpéngyou.
103	私の弟は専門学校で勉強しています。	我 弟弟 在 专科学校 Wǒ dìdi zài zhuānkēxuéxiào 学习。 xuéxí.
104	こちらが家族です。妻と娘です。	这 是 我们 一 家。我 Zhè shì wǒmen yì jiā. Wǒ 妻子 和 女儿。 qīzi hé nǚ'ér.
105	こちらが妻の真理です。	这 是 我 妻子, 真理。 Zhè shì wǒ qīzi, Zhēnlǐ.
106	こちらが妻の麻子です。	这 是 我 妻子, 麻子。 Zhè shì wǒ qīzi, Mázi.
107	こちらが息子の光太郎です。	这 是 我 儿子, 光太郎。 Zhè shì wǒ érzi, Guāngtàiláng.
108	こちらが娘の美帆です。	这 是 我 女儿, 美帆。 Zhè shì wǒ nǚ'ér, Měifān.
109	うちは子供が3人です。	我们 有 三 个 孩子。 Wǒmen yǒu sān ge háizi.
110	私には子供が2人います。	我 有 两 个 孩子。 Wǒ yǒu liǎng ge háizi.

3 相手を知る表現

111	お名前（姓）は？	您 贵姓？ Nín guìxìng?
112	お名前（姓名または名）は？	您 叫 什么 名字？ Nín jiào shénme míngzi?
113	出身はどちらですか？	你 是 从 哪儿 来 的？ Nǐ shì cóng nǎr lái de?
114	中国のどちらですか？ ★"我 是 从 中国 来 的。"「中国から来ました」という答えに対してさらに尋ねる言い方です。	中国 的 什么 地方？ Zhōngguó de shénme dìfang?
115	あなたは何人ですか？	你 是 哪 国 人？ Nǐ shì nǎ guó rén?
116	あなたは香港の出身ですか？	你 是 香港人 吗？ Nǐ shì Xiānggǎngrén ma?
117	あなたは学生ですか？	你 是 学生 吗？ Nǐ shì xuésheng ma?
118	あなたは何を勉強していますか？	你 学 什么？ Nǐ xué shénme?
119	あなたの専攻は何ですか？	你 的 专业 是 什么？ Nǐ de zhuānyè shì shénme?
120	どんなお仕事ですか？	你 做 什么 工作？ Nǐ zuò shénme gōngzuò?
121	どちらにお住まいですか？	你 住 在 哪儿？ Nǐ zhù zài nǎr?
122	おいくつですか？ ★大人に対して使う表現です。	你 多大（了）？ Nǐ duōdà (le)?
123	いくつですか？ ★子供（10歳以下と考えられる）に対して使う表現です。	你 几 岁（了）？ Nǐ jǐ suì (le)?
124	あなたは結婚していますか？	你 结婚 了 吗？ Nǐ jiéhūn le ma?

125	子供はいますか？	你 有 没 有 孩子？ Nǐ yǒu mei you háizi ?
126	子供は何人いますか？	你 有 几 个 孩子？ Nǐ yǒu jǐ ge háizi ?
127	おたくは何人家族ですか？	你 家 有 几 口 人？ Nǐ jiā yǒu jǐ kǒu rén ?
128	趣味は何ですか？	你 的 爱好 是 什么？ Nǐ de àihào shì shénme ?
129	最近調子はどうですか？	你 最近 怎么样？ Nǐ zuìjìn zěnmeyàng ?
130	ご家族はみんな元気ですか？ ★"家里人"〈jiālirén〉：家族。	你 家里人 都 好 吗？ Nǐ jiālirén dōu hǎo ma ?
131	音楽は好きですか？	你 喜欢 听 音乐 吗？ Nǐ xǐhuan tīng yīnyuè ma ?
132	どんな音楽が好きですか？	你 喜欢 听 什么 音乐？ Nǐ xǐhuan tīng shénme yīnyuè ?
133	映画は好きですか？	你 喜欢 看 电影 吗？ Nǐ xǐhuan kàn diànyǐng ma ?
134	どんな映画が好きですか？	你 喜欢 看 什么 电影？ Nǐ xǐhuan kàn shénme diànyǐng ?
135	旅行は好きですか？	你 喜欢 去 旅行 吗？ Nǐ xǐhuan qù lǚxíng ma ?
136	海外旅行をしたことはありますか？	你 去 外国 旅行过 吗？ Nǐ qù wàiguó lǚxíngguo ma ?
137	大連へ行ったことがありますか？	你 去过 大连 吗？ Nǐ qùguo Dàlián ma ?
138	どんなスポーツが好きですか？	你 喜欢 什么 运动？ Nǐ xǐhuan shénme yùndòng ?
139	何かスポーツはやりますか？	你 做 什么 运动？ Nǐ zuò shénme yùndòng ?
140	太極拳をやりますか？	你 打 太极拳 吗？ Nǐ dǎ tàijíquán ma ?
141	気功をやりますか？ ★"练"〈liàn〉：練習する、訓練する。	你 练 气功 吗？ Nǐ liàn qìgōng ma ?

4 感謝の表現

142	ありがとうございます。 ★"你"〈nǐ〉を添えて、"谢谢你"として、感謝する相手を述べた方が丁寧な言い方です。	谢谢。 Xièxie.
143	みなさんありがとうございます。 ★"大家"〈dàjiā〉：みんな、みな。	谢谢 大家。 Xièxie dàjiā.
144	どうもありがとうございます。	(1) 多谢。 Duōxiè (2) 多谢，多谢。 Duōxiè, duōxiè. ★2回繰り返されることが多いです。 (3) 非常 感谢。 Fēicháng gǎnxiè. (4) 非常 感谢 你。 Fēicháng gǎnxiè nǐ.
145	ご招待ありがとうございます。 ★"约请"〈yuēqǐng〉：招待する、招く。 ★"谢谢 你 的…"「…に感謝する」の言い方です。よく使われる以下の例文で確認しましょう。	谢谢 你 的 约请。 Xièxie nǐ de yuēqǐng.
146	ご好意に感謝します。 ★"好意"〈hǎoyì〉：親切心、善意。	谢谢 你 的 好意。 Xièxie nǐ de hǎoyì.
147	お力添えありがとうございます。 ★"帮助"〈bāngzhù〉：助け、援助。	谢谢 你 的 帮助。 Xièxie nǐ de bāngzhù.
148	ご指導ありがとうございます。	谢谢 你 的 指教。 Xièxie nǐ de zhǐjiào.
149	お心遣い（気にかけていただいて）ありがとうございます。 ★"关心"〈guānxīn〉：関心。	谢谢 你 的 关心。 Xièxie nǐ de guānxīn.
150	お世話いただきありがとうございます。	谢谢 你 的 关照。 Xièxie nǐ de guānzhào.

151	どういたしまして。	(1) 不 谢。 　　Bú　xiè. ★「感謝するな」が原義です。 (2) 不用 谢。 　　Búyòng xiè. ★「感謝の必要がない」が原義です。 (3) 哪里，哪里。 　　Nǎli,　 nǎli. (4) 哪儿 的 话。 　　Nǎr　de　huà. (5) 不 客气。 　　Bú　kèqi. ★"客气"〈kèqi〉：遠慮する、謙遜する。 (6) 没 什么。 　　Méi shénme.

5 謝罪の表現

152	ご迷惑をおかけしました。 ★"麻烦"〈máfan〉：面倒をかける、煩わす。	麻烦 你 了。 Máfan nǐ le.
153	お邪魔しました。 ★"打搅"〈dǎjiǎo〉：邪魔する。	打搅 你 了。 Dǎjiǎo nǐ le.
154	すいません。 ★"对不住"〈duìbuzhù〉という言い方もあります。	对不起。 Duìbuqǐ.
155	本当に申し訳ありません。 ★"实在"〈shízài〉：確かに、本当に。"真"〈zhēn〉を使うこともできます。	实在 对不起。 Shízài duìbuqǐ.
156	ご迷惑をおかけしてすいません。 ★「…してすいません」と具体的な内容を述べる言い方です。	对不起, 麻烦 你 了。 Duìbuqǐ, máfan nǐ le.
157	お邪魔してすいません。	对不起, 打搅 你 了。 Duìbuqǐ, dǎjiǎo nǐ le.
158	遅れて来て申し訳ありません。	对不起, 我们 来晚 了。 Duìbuqǐ, wǒmen láiwǎn le.
159	すいませんが、私には分かりません。	对不起, 我 不 懂。 Duìbuqǐ, wǒ bù dǒng.
160	すいませんが、フランス語は分かりません。	对不起, 我 不 懂 法语。 Duìbuqǐ, wǒ bù dǒng Fǎyǔ.
161	すいませんが私の英語はまるでなってません。 ★"糟糕"〈zāogāo〉：目茶苦茶である。	对不起, 我 的 英语 实在 糟糕。 Duìbuqǐ, wǒ de Yīngyǔ shízài zāogāo.
162	すいませんが、そろそろおいとまします。	对不起, 我 得 走 了。 Duìbuqǐ, wǒ děi zǒu le.
163	どうもすいません。 ★"抱歉"〈bàoqiàn〉：すまなく思う。	非常 抱歉。 Fēicháng bàoqiàn.

164	お待たせして申し訳ありません。 ★"久等"〈jiǔděng〉：長く待つ。	让 你们 久等 了，很 Ràng nǐmen jiǔděng le, hěn 抱歉。 bàoqiàn.
165	かまいません（大丈夫です）。 ★謝罪に対して、「問題ない」という時の言い方です。先ほど出てきた、"没什么"〈méi shénme〉も使えます。	没 关系。 Méi guānxi.

6 好き嫌いの表現

◆ "喜欢"〈xǐhuan〉は人、物、事柄などを対象にして最も広く使われる動詞です。

166	私はモーニング娘が好きです。	我 喜欢 早安少女组。 Wǒ xǐhuan Zǎo'ānshàonǚzǔ.
167	あなたはポケモンが好きですか？	你 喜欢 口袋怪兽 吗？ Nǐ xǐhuan Kǒudàiguàishòu ma？
168	私はバンクーバーの夏が好きです。	我 喜欢 温哥华 的 夏天。 Wǒ xǐhuan Wēngēhuá de xiàtiān.
169	どんな小説を読むのが好きですか？	你 喜欢 看 什么 小说？ Nǐ xǐhuan kàn shénme xiǎoshuō？
170	あなたはギョウザが好きですか？	你 喜欢 吃 饺子 吗？ Nǐ xǐhuan chī jiǎozi ma？
171	私は豚の角煮が好きです。	我 喜欢 吃 东坡肉。 Wǒ xǐhuan chī dōngpōròu.
172	私はエビチリソースが一番好きです。	我 最 喜欢 吃 干烧明虾。 Wǒ zuì xǐhuan chī gānshāomíngxiā.
173	あなたはココナッツミルクが好きですか？	你 喜欢 喝 椰子汁 吗？ Nǐ xǐhuan hē yēzizhī ma？
174	私は生ビールが好きです。	我 喜欢 喝 鲜啤酒。 Wǒ xǐhuan hē xiānpíjiǔ.
175	あなたは散歩は好きですか？	你 喜欢 去 散步 吗？ Nǐ xǐhuan qù sànbù ma？
176	あなたはスキーが好きですか？	你 喜欢 滑雪 吗？ Nǐ xǐhuan huáxuě ma？
177	彼はスケートは好きではありません。	他 不 喜欢 滑冰。 Tā bù xǐhuan huábīng.
178	私は彼のことが好きではありません。	我 不 喜欢 他。 Wǒ bù xǐhuan tā.

179	私は彼女を好きになってしまいました。 ★ "上"〈shàng〉：動詞の後について、一定レベルへの到達を表す方向補語です。	我 爱上了 她。 Wǒ àishàngle tā.
180	私は千香のことが好きになってしまいました。	我 爱上了 千香。 Wǒ àishàngle Qiānxiāng.
181	あなたは彼を愛していますか？	你 爱 他 吗？ Nǐ ài tā ma？
182	あなたは読書が好きですか？	你 爱 看 书 吗？ Nǐ ài kàn shū ma？
183	私はウォッカが好きです。	我 爱 喝 伏特加。 Wǒ ài hē fútèjiā.
184	あなたはビーフステーキが好きですか？	你 爱 吃 牛排 吗？ Nǐ ài chī niúpái ma？
185	彼女は歌うのが大好きです。	她 爱好 唱 歌。 Tā àihào chàng gē.
186	私は文学にとても興味があります。	我 对 文学 很 有 兴趣。 Wǒ duì wénxué hěn yǒu xìngqù.

7 欲求の表現

187	あなたは何を食べたいですか？	你 想 吃 什么？ Nǐ xiǎng chī shénme?
188	あなたは昼食には何を食べたいですか？	你 午饭 想 吃 什么？ Nǐ wǔfàn xiǎng chī shénme?
189	私はカレーが食べたいです。	我 想 吃 咖喱饭。 Wǒ xiǎng chī gālífàn.
190	あなたは何を飲みたいですか？	你 想 喝 什么？ Nǐ xiǎng hē shénme?
191	チュウハイを飲みたい人は誰かいますか？	有 人 想 喝 汽水烧酒 Yǒu rén xiǎng hē qìshuǐshāojiǔ 吗？ ma?
192	私は車を借りたいんですが。 ★"租"〈zū〉：借りる。	我 想 租 一 辆 车。 Wǒ xiǎng zū yí liàng chē.
193	私はアメリカへは行きたくありません。	我 不 想 到 美国 去。 Wǒ bù xiǎng dào Měiguó qù.
194	私はもうイギリスへは行きたくありません。	我 不 想 去 英国 了。 Wǒ bù xiǎng qù Yīngguó le.
195	私は船で上海へは行きたくありません。	我 不 想 坐 船 去 上海。 Wǒ bù xiǎng zuò chuán qù Shànghǎi.
196	ウーロン茶をください。	我 想 要 乌龙茶。 Wǒ xiǎng yào wūlóngchá.
197	あんまんをください。	我 想 要 豆沙包子。 Wǒ xiǎng yào dòushābāozi.
198	鳥肉は必要ですか？	你 想 要 鸡肉 吗？ Nǐ xiǎng yào jīròu ma?
199	ミネラルウオーターが欲しいんです。	我 要 矿泉水。 Wǒ yào kuàngquánshuǐ.
200	私はラム酒が必要です。	我 要 兰姆酒。 Wǒ yào lánmǔjiǔ.
201	私はコーヒーを少し飲みたいです。	我 想 喝 一点儿 咖啡。 Wǒ xiǎng hē yìdiǎnr kāfēi.

202	あなたは日本へ行きたいですか？	你 想 去 日本 吗？	Nǐ xiǎng qù Rìběn ma?
203	あなたは泳ぎに行きたいですか？	你 想 去 游泳 吗？	Nǐ xiǎng qù yóuyǒng ma?
204	私はタクシーが必要です。	我 需要 出租 汽车。	Wǒ xūyào chūzū qìchē.
205	何が必要ですか？	你 需要 什么？	Nǐ xūyào shénme?
206	私は目薬が必要です。	我 需要 眼药水。	Wǒ xūyào yǎnyàoshuǐ.
207	あなたにファックスを送って欲しいんです。 ★ "希望"〈xīwàng〉：希望する。	我 希望 你 发 传真。	Wǒ xīwàng nǐ fā chuánzhēn.
208	彼らが来週こられたらいいと思います。	我 希望 他们 下星期 能 来。	Wǒ xīwàng tāmen xiàxīngqī néng lái.
209	また彼に会えたらいいと思います。	我 希望 跟 他 再会。	Wǒ xīwàng gēn tā zàihuì.
210	紅茶をください。	请 给 我 红茶。	Qǐng gěi wǒ hóngchá.
211	ウィスキー3本ください。	请 给 我 三 瓶 威士忌酒。	Qǐng gěi wǒ sān píng wēishìjìjiǔ.
212	肉まん10個ください。	请 给 我 十 个 肉包子。	Qǐng gěi wǒ shí ge ròubāozi.
213	テニスシューズを見せてください。 ★"球鞋"〈qiúxié〉：運動靴。球技用シューズの総称です。	请 给 我 看看 球鞋。	Qǐng gěi wǒ kànkan qiúxié.
214	ハンドバッグを見せてください。	请 给 我 看看 手提包。	Qǐng gěi wǒ kànkan shǒutíbāo.

8 認知の表現

215	私もそう思います。	我 也 是 那 样 想。 Wǒ yě shì nà yàng xiǎng.
216	あなたは病院に行く必要があると思います。	我 想 你 需要 去 医院。 Wǒ xiǎng nǐ xūyào qù yīyuàn.
217	あなたはどう思いますか？	你 看 怎么样？ Nǐ kàn zěnmeyàng？
218	これを買った方がいいと思います。 ★"最好"〈zuìhǎo〉：…したほうがいい。	我 看 你 最好 买 这个。 Wǒ kàn nǐ zuìhǎo mǎi zhège.
219	日本のことをどう思いますか？	你 觉得 日本 怎么样？ Nǐ juéde Rìběn zěnmeyàng？
220	広東語は難しいと思います。	我 觉得 广东话 很 难。 Wǒ juéde Guǎngdōnghuà hěn nán.
221	雪になると思いますか？	你 认为 会 下 雪 吗？ Nǐ rènwéi huì xià xuě ma？
222	彼らは正しいと私は思います。	我 认为 他们 对。 Wǒ rènwéi tāmen duì.
223	おっしゃることは分かります。	我 明白 你 的 意思。 Wǒ míngbai nǐ de yìsi.
224	おっしゃることが分かりません。	我 不 明白 你 的 意思。 Wǒ bù míngbai nǐ de yìsi.
225	私の言いたいことが分かりますか？	你 明白 我 的 意思 吗？ Nǐ míngbai wǒ de yìsi ma？
226	分かりました。	我 明白 了。 Wǒ míngbai le.
227	私は彼がどこの出身なのか知りません。	我 不 知道 他 是 哪 国 人。 Wǒ bù zhīdao tā shì nǎ guó rén.
228	京劇について知っていますか？	你 知道 京剧 吗？ Nǐ zhīdao jīngjù ma？

229	すいませんが、私は知りません。	对不起，我 不 知道。 Duìbuqǐ, wǒ bù zhīdao.
230	彼は少し疲れているようです。 ★"看上去"〈kànshàngqu〉：見たところ、見受けたところ。	他 看上去 有点儿 累。 Tā kànshàngqu yǒudiǎnr lèi.
231	彼女はとても嬉しそうです。	她 看上去 很 高兴。 Tā kànshàngqu hěn gāoxìng.
232	ジャックはとても若そうです。	杰克 看上去 很 年轻。 Jiékè kànshàngqu hěn niánqīng.
233	見えますか？	你 看得见 吗？ Nǐ kàndejiàn ma?
234	私は何も見えません。	我 什么 也 看不见。 Wǒ shénme yě kànbujiàn.
235	銀行は見えません。	我 看不见 银行。 Wǒ kànbujiàn yínháng.
236	彼の言っていることが聞こえません。	我 听不见 他 说 什么。 Wǒ tīngbujiàn tā shuō shénme.
237	私は何も聞こえません。	我 什么 也 听不见。 Wǒ shénme yě tīngbujiàn.
238	あなたは私の名前を覚えていますか？ ★"记得"〈jìde〉：覚えている。	你 记得 我 的 名字 吗？ Nǐ jìde wǒ de míngzi ma?
239	あなたはまだ彼女のことを覚えていますか？	你 还 记得 她 吗？ Nǐ hái jìde tā ma?

9 提案の表現

240	水曜日はどうですか？ ★ "…怎么样？" の言い方に慣れましょう。	星期三 怎么样？ Xīngqīsān zěnmeyàng?
241	来週の金曜日はどうですか？	下 星期五 怎么样？ Xià xīngqīwǔ zěnmeyàng?
242	来週末はどうですか？	下 周末 怎么样？ Xià zhōumò zěnmeyàng?
243	来週末に原宿へ行くのはどうですか？	下 周末 去 原宿 Xià zhōumò qù Yuánsù 怎么样？ zěnmeyàng?
244	映画に行くのはどうですか？	去 看 电影 怎么样？ Qù kàn diànyǐng zěnmeyàng?
245	小泉さんではどうですか？ （候補として挙げる時など）	小泉 先生 怎么样？ Xiǎoquán xiānsheng zěnmeyàng?
246	それなら、コーヒーはどうですか？ ★ "那么"〈nàme〉: それでは、それなら。 ★ "…好 吗？" の言い方に慣れましょう。	那么, 咖啡 好 吗？ Nàme, kāfēi hǎo ma?
247	タクシーで行くのはどうですか？	坐 出租 汽车 去 好 吗？ Zuò chūzū qìchē qù hǎo ma?
248	船で上海へ行くのはどうですか？	乘 船 去 上海 好 吗？ Chéng chuán qù Shànghǎi hǎo ma?
249	一緒に寿司でもどうですか？ ★ "…好 不 好？" の言い方に慣れましょう。 ★ "一起"〈yìqǐ〉: いっしょに。	一起 吃 寿司, 好 不 好？ Yìqǐ chī shòusī, hǎo bu hǎo?
250	一緒にビールでも飲みませんか？	一起 喝 啤酒, 好 不 好？ Yìqǐ hē píjiǔ, hǎo bu hǎo?
251	一緒に買い物に行くのはどうですか？	一起 去 买 东西, 好 不 Yìqǐ qù mǎi dōngxi, hǎo bu 好？ hǎo?

252	一杯どうですか？ ★ "吧"〈ba〉：文末に置いて提案の意味を表す助詞です。	喝 一 杯 酒 吧。 Hē yì bēi jiǔ ba.
253	一緒に行きましょう。	我们 一块儿 去 吧。 Wǒmen yíkuàir qù ba.
254	歩いて行きましょう。 ★ "着"〈zhe〉："動詞＋着＋動詞"で「…しながら～する」という意味を表します。進行形のところで確認してください。	我们 走着 去 吧。 Wǒmen zǒuzhe qù ba.
255	バスに乗って博物館へ行きましょう。	我们 坐 公共 汽车 去 Wǒmen zuò gōnggòng qìchē qù 博物馆 吧。 bówùguǎn ba.

10 命令の表現

256	入りなさい。	进来。 Jìnlái.
257	静かにしなさい。	安静 点儿。 Ānjìng diǎnr.
258	待ちなさい。	等 一 等。 Děng yi děng.
259	早く帰ってきなさい。	早 点 回来。 Zǎo diǎn huílái.
260	もっと飲んでください。	多 喝 点儿。 Duō hē diǎnr.
261	出てけ。 ★"出去"〈chūqù〉：出る、出て行く。	出去。 Chūqù.
262	急ぎなさい。	快 走。 Kuài zǒu.
263	あなたは食事の量を減らすべきです。	你 应该 少 吃 一点儿。 Nǐ yīnggāi shǎo chī yìdiǎnr.
264	私の話を聞きなさい。	你 得 听 我 的 话。 Nǐ děi tīng wǒ de huà.
265	まず手を洗って、それからお寿司を食べなさい。 ★"先"〈xiān〉：先に、初めに。	你 得 先 洗 手, 再 吃 寿司。 Nǐ děi xiān xǐ shǒu, zài chī shòusī.
266	酒を飲んではいけません。	不要 喝 酒。 Búyào hē jiǔ.
267	あせってはいけません。 ★"着急"〈zháojí〉：あせる、いらいらする。	不要 着急。 Búyào zháojí.
268	そこに座ってはいけません。 ★"别"〈bié〉：動詞の前に置かれ「…するな」と禁止を表します。	别 坐 那儿。 Bié zuò nàr.
269	しゃべってはいけません。	别 说话。 Bié shuōhuà.

270	大声でしゃべってはいけません。	别 高声 说话。 Bié gāoshēng shuōhuà.
271	どうぞお入りください。	请 进来。 Qǐng jìnlái.
272	どうぞ静かにしてください。	请 安静 一点儿。 Qǐng ānjìng yìdiǎnr.
273	どうか待ってください。	请 等 一 等。 Qǐng děng yi děng.
274	どうぞお座りください。 ★ "坐 吧。"〈Zuò ba〉も使われます。先ほど出てきた "吧" を文末に置いて依頼の意味が表されます。	请 坐。 Qǐng zuò.
275	もう一度言ってください。	请 你 再 说 一 遍。 Qǐng nǐ zài shuō yí biàn.
276	お茶をどうぞ。	请 喝 茶。 Qǐng hē chá.
277	どうぞ明日またお出でください。	请 你 明天 再 来。 Qǐng nǐ míngtiān zài lái.
278	どうか私の写真を見ないでください。 ★ "请 别…"〈Qǐng bié…〉で「どうか…しないでください」という意味を表します。	请 别 看 我 的 照片。 Qǐng bié kàn wǒ de zhàopiàn.

11 依頼の表現

279	英語を話してもらえませんか？ ★「…していただけませんか？」と丁寧に依頼する時の言い方です。"可以"〈kěyǐ〉の代わりに、"行"〈xíng〉、"好"〈hǎo〉を使うこともできます。	请 你 说 英语，可以 吗？ Qǐng nǐ shuō Yīngyǔ, kěyǐ ma?
280	窓をしめていただけませんか？	请 你 关上 窗户，可以 吗？ Qǐng nǐ guānshàng chuānghu, kěyǐ ma?
281	窓を開けていただけませんか？	请 你 打开 窗户，可以 吗？ Qǐng nǐ dǎkāi chuānghu, kěyǐ ma?
282	ここでタバコを吸ってもらえますか？	请 你们 在 这儿 抽 烟，可以 吗？ Qǐng nǐmen zài zhèr chōu yān, kěyǐ ma?
283	ここに座っていただけますか？	请 你 坐 在 这儿，行 吗？ Qǐng nǐ zuò zài zhèr, xíng ma?
284	この知らせを彼らに伝えていただけますか？	请 你 把 这个 消息 告诉 他们，行 吗？ Qǐng nǐ bǎ zhège xiāoxi gàosu tāmen, xíng ma?
285	明日来ていただけますか？	请 你 明天 来，行 吗？ Qǐng nǐ míngtiān lái, xíng ma?
286	彼に電話していただけますか？	请 你 给 他 打 电话，行 吗？ Qǐng nǐ gěi tā dǎ diànhuà, xíng ma?
287	水を1杯もらえますか？	请 给 我 一 杯 水，好 吗？ Qǐng gěi wǒ yì bēi shuǐ, hǎo ma?

288	ワインを1杯もらえますか？	请 给 我 一 杯 葡萄酒, 好 吗？ Qǐng gěi wǒ yì bēi pútaojiǔ, hǎo ma?
289	ココアを1杯もらえますか？	请 给 我 一 杯 可可, 好 吗？ Qǐng gěi wǒ yì bēi kěkě, hǎo ma?
290	緑茶を2杯もらえますか？	请 给 我 两 杯 绿茶, 好 吗？ Qǐng gěi wǒ liǎng bēi lǜchá, hǎo ma?
291	オレンジジュースをいただきたいのですが。	我 想 喝 桔子汁, 好 吗？ Wǒ xiǎng hē júzizhī, hǎo ma?
292	ジャスミン茶をいただきたいのですが。	我 想 喝 茉莉花茶, 好 吗？ Wǒ xiǎng hē mòlìhuāchá, hǎo ma?
293	焼きギョウザをいただきたいのですが。	我 想 吃 锅贴, 好 吗？ Wǒ xiǎng chī guōtiē, hǎo ma?
294	マーボ豆腐をいただきたいのですが。	我 想 吃 麻婆豆腐, 好 吗？ Wǒ xiǎng chī mápódòufu, hǎo ma?

12 許可の表現

295	いくつか質問してもいいですか？ ★"可以…吗？"〈kěyǐ…ma?〉で「…してもいいですか？」と許可を求める時の言い方です。また、"可以 不 可以"〈kěyǐ bu kěyǐ〉の反復疑問文、"行吗？"〈…xíng ma?〉、"…行 不 行？"〈…xíng bu xíng?〉という表現もあります。 ★許可を与える時は、"可以"〈kěyǐ〉または"行"〈xíng〉と、与えない時は、"不 可以"〈bù kěyǐ〉あるいは"不 行"〈bù xíng〉と答えることができます。	我 可以 问 你 几 个 Wǒ kěyǐ wèn nǐ jǐ ge 问题 吗？ wèntí ma？
296	入ってもいいですか？	我 可以 进来 吗？ Wǒ kěyǐ jìnlái ma？
297	隣に座ってもいいですか？	我 可以 坐 在 你 的 Wǒ kěyǐ zuò zài nǐ de 旁边儿 吗？ pángbiānr ma？
298	試着してもいいですか？	我 可以 试穿 一下 吗？ Wǒ kěyǐ shìchuān yíxià ma？
299	お父さん、サッカーの試合を見に行ってもいいですか？	爸爸，我 可以 去 看 Bàba, wǒ kěyǐ qù kàn 足球 比赛 吗？ zúqiú bǐsài ma？
300	泳ぎに行ってもいいですか？	我 可以 不 可以 去 Wǒ kěyǐ bu kěyǐ qù 游泳？ yóuyǒng？
301	タバコを吸ってもいいですか？ ★"可 不 可以"〈kě bu kěyǐ〉の形もよく使われます。	我 可 不 可以 抽 烟？ Wǒ kě bu kěyǐ chōu yān？
302	映画に行ってもいいですか？	我 想 去 看 电影，行 不 Wǒ xiǎng qù kàn diànyǐng, xíng bu 行？ xíng？

303	これ食べてもいいですか？	我 想 吃 这个，行 吗？ Wǒ xiǎng chī zhège, xíng ma?
304	もう帰ってもいいですよ。	你们 现在 可以 回 家 了。 Nǐmen xiànzài kěyǐ huí jiā le.
305	私の携帯電話を使ってもいいですよ。	你 可以 用 我 的 手机。 Nǐ kěyǐ yòng wǒ de shǒujī.
306	英語で答えてもいいですよ。	你 可以 用 英语 回答。 Nǐ kěyǐ yòng Yīngyǔ huídá.
307	ここで写真を撮ってはいけません。 ★ "照相"〈zhàoxiàng〉：写真を撮る。	你 不 可以 在 这儿 照相。 Nǐ bù kěyǐ zài zhèr zhàoxiàng.
308	ここに車を停めてはいけません。	你 不 可以 在 这儿 停 车。 Nǐ bù kěyǐ zài zhèr tíng chē.
309	ここで酒を飲んではいけません。	你们 不 可以 在 这儿 喝 酒。 Nǐmen bù kěyǐ zài zhèr hē jiǔ.

13 理由の表現

310	なぜですか？ ★"为"〈wèi〉：…のために。理由や原因を示す介詞です。	为 什么？ Wèi shénme?
311	なぜ中国語を勉強するのですか？	你 为 什么 学 中国话？ Nǐ wèi shénme xué Zhōngguóhuà?
312	なぜ英語を勉強したいのですか？	你 为 什么 想 学 英文？ Nǐ wèi shénme xiǎng xué Yīngwén?
313	なぜそんなことをしたのですか？	你 为 什么 干 那 件 事？ Nǐ wèi shénme gàn nà jiàn shì?
314	彼はなぜ笑っているのですか？	他 为 什么 在 笑？ Tā wèi shénme zài xiào?
315	なぜ北京が好きなのですか？	你 为 什么 很 喜欢 北京？ Nǐ wèi shénme hěn xǐhuan Běijīng?
316	なぜ読書がきらいなのですか？	你 为 什么 不 喜欢 读书？ Nǐ wèi shénme bù xǐhuan dúshū?
317	なぜチーズがきらいなんですか？	你 为 什么 不 喜欢 吃 干酪？ Nǐ wèi shénme bù xǐhuan chī gānlào?
318	なぜ昨日は学校に来なかったのですか？	你 昨天 为 什么 没 来 学校？ Nǐ zuótiān wèi shénme méi lái xuéxiào?
319	バスはなぜ来ないのでしょうか？	公共 汽车 为 什么 不 来 呢？ Gōnggòng qìchē wèi shénme bù lái ne?

320	なぜ今日は会社に行かないのですか？ ★"上班"〈shàngbān〉：出勤する。	你 为 什么 今天 不 Nǐ wèi shénme jīntiān bú 上班？ shàngbān？
321	昨日は雨が降ったので、学校へ行きませんでした。 ★"因为…所以~"〈yīnwèi…suǒyǐ~〉で「…なので~である」と因果関係を述べる言い方です。"因为"、"所以"のいずれか一方がまたは両方が省略されることもあります。 ★"上学"〈shàngxué〉：学校へ行く、登校する。	因为 昨天 下 雨, 所以 Yīnwèi zuótiān xià yǔ, suǒyǐ 我 没 上学。 wǒ méi shàngxué.
322	なぜ教科書を買わないのですか？	你 为 什么 不买 课本？ Nǐ wèi shénme bù mǎi kèběn？
323	お金がないからです。 ★"因为"〈yīnwèi〉：…なので、だから。理由を尋ねられて答える時に単独でも使えます。	因为 我 没 有 钱。 Yīnwèi wǒ méi yǒu qián.
324	なぜ彼はそんなに嬉しがっているのですか？	他 为 什么 这么 高兴？ Tā wèi shénme zhème gāoxìng？
325	明日から学校が始まるからです。 ★"开学"〈kāixué〉：始業する。	因为 学校 明天 开学。 Yīnwèi xuéxiào míngtiān kāixué.
326	なぜきのう買物に行かなかったの？	你 昨天 为 什么 没 去 Nǐ zuótiān wèi shénme méi qù 买 东西？ mǎi dōngxi？
327	なぜこんなに遅いのですか？ ★"怎么"〈zěnme〉：なぜ、どうして。"为什么"と同じように理由を述べる時に使われますが、強い驚きやいぶかりのニュアンスが込められている場合があります。 ★"怎么"には「どうやって」と方法を表す用法もあります。 （この字はどう発音しますか？） 这个 字 怎么 发音？ Zhège zì zěnme fāyīn？	你 怎么 这么 晚 呢？ Nǐ zěnme zhème wǎn ne？

| 328 | 今日はなぜこんなに寒いんですか？ | 今天 怎么 这么 冷？
Jīntiān zěnme zhème lěng ? |

14 時間の表現

329	今何時ですか？	现在 几 点 了？ Xiànzài jǐ diǎn le?
330	今10時30分です。	现在 十 点 半。 Xiànzài shí diǎn bàn.
331	私は朝6時に起きます。 ★時間や時間帯を表す語句は動詞の前に置かれます。 ★他の時間帯を表す言い方も覚えましょう。"上午"〈shàngwǔ〉：午前、"中午"〈zhōngwǔ〉：正午前後、"下午"〈xiàwǔ〉：午後、"晚上"〈wǎnshang〉：夜	我 早上 六 点 起床。 Wǒ zǎoshang liù diǎn qǐchuáng.
332	妻は8時半に帰って来ます。	我 妻子 八 点 半 回 家。 Wǒ qīzi bā diǎn bàn huí jiā.
333	飛行機は午後9時35分に出発します。	飞机 晚上 九 点 三十五 Fēijī wǎnshang jiǔ diǎn sānshiwǔ 分 起飞。 fēn qǐfēi.
334	私は毎朝7時に車で出勤します。	我 每天 早上 七 点 开车 Wǒ měitiān zǎoshang qī diǎn kāichē 上班。 shàngbān.
335	あなたは毎朝何時に起きますか？	你 每天 早上 几 点 Nǐ měitiān zǎoshang jǐ diǎn 起床？ qǐchuáng?
336	あなたは何時に寝ますか？	你 几 点 钟 睡觉？ Nǐ jǐ diǎn zhōng shuìjiào?
337	あなたは何時に朝食を食べますか？	你 几 点 钟 吃 早饭？ Nǐ jǐ diǎn zhōng chī zǎofàn?
338	レストランは何時に開きますか？ ★"开门"〈kāimén〉：開店する、門を開ける。	餐厅 几 点 钟 开门？ Cāntīng jǐ diǎn zhōng kāimén?

339	レストランは何時に閉まりますか？ ★"关门"〈guānmén〉：閉店する、門を閉める。	餐厅 几 点 钟 关门？ Cāntīng jǐ diǎn zhōng guānmén?
340	図書館は何時に開きますか。 ★"开馆"〈kāiguǎn〉「開館する」も使えます。	图书馆 几 点 钟 开门？ Túshūguǎn jǐ diǎn zhōng kāimén?
341	図書館は何時に閉まりますか？ ★"闭馆"〈bìguǎn〉「閉館する」も使えます。	图书馆 几 点 钟 关门？ Túshūguǎn jǐ diǎn zhōng guānmén?
342	あなたは木曜日は何時に仕事が終わりますか？ ★"下班"〈xiàbān〉：退勤する、勤めが終わる。	星期四 你 几 点 钟 Xīngqīsì nǐ jǐ diǎn zhōng 下班？ xiàbān?
343	私は朝公園を散歩します。 ★「時間を表す語句＋場所を表す語句」の語順になります。 ★「散歩に行く」は、"去 散步"〈qù sànbù〉です。	我 早上 在 公园 散步。 Wǒ zǎoshang zài gōngyuán sànbù.
344	私の妻は毎日12時間寝ます。 ★継続時間を表す語句は動詞の後に置かれます。	我 妻子 每天 睡 十二 个 Wǒ qīzi měitiān shuì shí'èr ge 小时。 xiǎoshí.
345	私は3時間しか寝ません。 ★"只"〈zhǐ〉：…だけ。	我 只 睡 三 个 小时。 Wǒ zhǐ shuì sān ge xiǎoshí.
346	あなたは毎日何時間寝ますか？	你 每天 睡 几 个 小时？ Nǐ měitiān shuì jǐ ge xiǎoshí?
347	私は京都に5年住みました。	我 在 京都 住了 五 年。 Wǒ zài Jīngdū zhùle wǔ nián.
348	彼らはここで3年間仕事をしました。	他们 在 这儿 工作了 三 Tāmen zài zhèr gōngzuòle sān 年。 nián.
349	私はアメリカで4年間英語を勉強しました。 ★「継続時間を表す語句＋目的語」の語順です。	我 在 美国 学了 四 年 Wǒ zài Měiguó xuéle sì nián 英文。 Yīngwén.

350	あなたはいつ台湾に行きますか？	你 什么 时候 去 台湾？ Nǐ shénme shíhou qù Táiwān?
351	あなたはいつ東京へ来ますか？	你 什么 时候 来 东京？ Nǐ shénme shíhou lái Dōngjīng?
352	いつでも構いません。	什么 时候 都 行。 Shénme shíhou dōu xíng.
353	インドにいた時は毎日カレーを食べました。	我 在 印度 的 时候， Wǒ zài Yìndù de shíhou, 每天 吃 咖喱饭。 měitiān chī gālífàn.
354	彼らは10分遅れて来ました。 ★"迟"〈chí〉：(時間が) 遅い、遅れる。反対語は"早"〈zǎo〉です。	他们 来 迟 了 十 分 钟。 Tāmen lái chí le shí fēn zhōng.
355	私は朝7時から夜10時まで働きます。 ★"从"〈cóng〉：…から。時間や場所の始まりを表す介詞です。 ★"到"〈dào〉：…まで。時間や場所の到達点を表す介詞です。	我 从 早上 七 点 工作 Wǒ cóng zǎoshang qī diǎn gōngzuò 到 晚上 十 点。 dào wǎnshang shí diǎn.
356	冬休みはいつから始まりますか？ ★"寒假"〈hánjià〉：(学校の) 冬休み。夏休みは"暑假"〈shǔjià〉	寒假 从 什么 时候 Hánjià cóng shénme shíhou 开始？ kāishǐ?
357	10分後に彼はやって来ました。	十 分 钟 以后，他 来 了。 Shí fēn zhōng yǐhòu, tā lái le.
358	5分後に出発しましょう。	五 分 钟 以后，我们 Wǔ fēn zhōng yǐhòu, wǒmen 出发 吧。 chūfā ba.
359	私は3年前に日本へ来ました。	我 是 三 年 前 来 日本 Wǒ shì sān nián qián lái Rìběn 的。 de.
360	日本へ来る前は納豆を食べたことがありませんでした。	我 来 日本 前，没 吃过 Wǒ lái Rìběn qián, méi chīguo 纳豆。 nàdòu.

361	日本に来てから寿司を2回食べたことがあります。	我 来 日本 以后，吃过 两 次 寿司。 Wǒ lái Rìběn yǐhòu, chīguo liǎng cì shòusī.
362	昼食の時間は40分あります。	吃 午饭 的 时间 有 四十 分 钟。 Chī wǔfàn de shíjiān yǒu sìshí fēn zhōng.
363	名古屋に行くには何時間かかりますか？ ★"要"〈yào〉の代わりに"得"〈děi〉も使えます。	去 名古屋 要 几 个 小时？ Qù Mínggǔwū yào jǐ ge xiǎoshí？
364	東京から名古屋までは何時間かかりますか？	从 东京 到 名古屋 要 几 个 小时？ Cóng Dōngjīng dào Mínggǔwū yào jǐ ge xiǎoshí？
365	東京から大阪まで新幹線で何時間かかりますか？	从 东京 到 大阪 坐 新干线 要 几 个 小时？ Cóng Dōngjīng dào Dàbǎn zuò xīngànxiàn yào jǐ ge xiǎoshí？

15 確率の表現

366	私はいつも電車で学校へ行きます。 ★"总是"〈zǒngshì〉: いつも。	我 总是 坐 火车 去 学校。 Wǒ zǒngshì zuò huǒchē qù xuéxiào.
367	私はたいてい電車で学校へ行きます。 ★"通常"〈tōngcháng〉: 普通、たいてい。	我 通常 坐 火车 去 学校。 Wǒ tōngcháng zuò huǒchē qù xuéxiào.
368	私はよく電車で学校へ行きます。 ★"常常"〈chángcháng〉: しばしば。 "经常"〈jīngcháng〉も使えます。	我 常常 坐 火车 去 学校。 Wǒ chángcháng zuò huǒchē qù xuéxiào.
369	私は時々電車で学校へ行きます。 ★"有时候"〈yǒushíhou〉: 時々。	我 有时候 坐 火车 去 学校。 Wǒ yǒushíhou zuò huǒchē qù xuéxiào.
370	私は電車で学校へ行くことはほとんどありません。	我 很 少 坐 火车 去 学校。 Wǒ hěn shǎo zuò huǒchē qù xuéxiào.
371	私は10分おきに妻にしかられます。 ★"每隔"〈měigé〉: …おき。	我 每隔 十 分 钟 被 我 妻子 骂 一 次。 Wǒ měigé shí fēn zhōng bèi wǒ qīzi mà yí cì.
372	私は1日おきに彼に電話します。	我 每隔 一 天 给 他 打 一 次 电话。 Wǒ měigé yì tiān gěi tā dǎ yí cì diànhuà.
373	私は週3回彼に電話します。	我 每星期 给 他 打 三 次 电话。 Wǒ měixīngqī gěi tā dǎ sān cì diànhuà.
374	私は月2回病院へ行きます。	我 每月 去 两次 医院。 Wǒ měiyuè qù liǎng cì yīyuàn.

375	私は毎日図書館へ行きます。	我 每天 去 图书馆。 Wǒ měitiān qù túshūguǎn.
376	私は年5回海外旅行をします。	我 每年 去 五 次 国外 Wǒ měinián qù wǔ cì guówài 旅行。 lǚxíng.

16 祝福の表現

377	おめでとうございます。 ★あらゆる機会に使えます。	恭喜 恭喜。 Gōngxǐ gōngxǐ.
378	クリスマスおめでとう。 ★"圣诞节"〈shèngdànjié〉：クリスマス ★"愉快"〈yúkuài〉：愉快である、うれしい。	祝 你 圣诞节 愉快。 Zhù nǐ shèngdànjié yúkuài.
379	新年明けましておめでとうございます。	新年 好。 Xīnnián hǎo.
380	お誕生日おめでとうございます。 ★"快乐"〈kuàilè〉：愉快である、楽しい。 "愉快"〈yúkuài〉を使うこともできます。	祝 你 生日 快乐。 Zhù nǐ shēngrì kuàilè.
381	ご結婚おめでとうございます。	祝 你 新婚 愉快。 Zhù nǐ xīnhūn yúkuài.
382	大学合格おめでとうございます。 ★"考上"〈kǎoshàng〉：試験に合格する。	祝 你 考上了 大学。 Zhù nǐ kǎoshàngle dàxué.
383	北京大学合格おめでとうございます。	祝 你 考上了 北京 大学。 Zhù nǐ kǎoshàngle Běijīng Dàxué.
384	卒業おめでとうございます。	祝 你 毕业。 Zhù nǐ bìyè.
385	ロンドン大学卒業おめでとうございます。	祝 你 毕业 于 伦敦 大学。 Zhù nǐ bìyè yú Lúndūn Dàxué.
386	平成銀行に就職おめでとうございます。	祝 你 找到了 平成 银行 的 工作。 Zhù nǐ zhǎodàole Píngchéng Yínháng de gōngzuò.
387	いいご旅行を。 ★"一路"〈yílù〉：道中、途中。 ★"平安"〈píng'ān〉：無事である、安全である。	祝 你 一路 平安。 Zhù nǐ yílù píng'ān.

《トピック別表現》

1 生理状態の表現

1	私は腹がへっています。 ★"饿"〈è〉：ひもじい。「腹」を意味する"肚子"〈dùzi〉を使って"我 肚子 饿 了"〈Wǒ dùzi è le〉という言い方もできます。	我 饿 了。 Wǒ è le.
2	私はのどが渇いています。	我 渴 了。 Wǒ kě le.
3	私は眠たいです。	我 很 困。 Wǒ hěn kùn.
4	私は疲れています。	我 累 了。 Wǒ lèi le.
5	私は気分がよくありません。 ★"舒服"〈shūfu〉：体調がよい。	我 不 舒服。 Wǒ bù shūfu.
6	私は食欲がありません。 ★"胃口"〈wèikǒu〉：食欲。「食欲」を意味する"食欲"〈shíyù〉を使うこともできます。	我 没 有 胃口。 Wǒ méi yǒu wèikǒu.
7	私は頭痛がします。 ★"我 头 疼"〈Wǒ tóu téng〉という言い方もあります。	我 头痛。 Wǒ tóutòng.
8	私は頭痛がひどいんです。 ★"利害"〈lìhai〉：激しい、ひどい。程度補語の用法です。	我 头痛得 利害。 Wǒ tóutòngde lìhai.
9	私は少し頭痛がします。	我 有点儿 头痛。 Wǒ yǒudiǎnr tóutòng.
10	私は歯が痛いです。 ★"我 牙 疼"〈Wǒ yá téng〉とも言えます。	我 牙痛。 Wǒ yátòng.
11	私は吐き気がします。	我 想 呕吐。 Wǒ xiǎng ǒutù.

12	私は風邪をひいています。	我 感冒 了。 Wǒ gǎnmào le.
13	私は咳がでます。	我 咳嗽。 Wǒ késou.
14	私は熱があります。	我 发烧 了。 Wǒ fāshāo le.
15	私は下痢をしています。 ★"我 拉 肚子"〈Wǒ lā dùzi〉という言い方もあります。"拉 肚子"で「腹をこわしている」という意味です。	我 腹泻。 Wǒ fùxiè.
16	私は喉が痛いです。	我 嗓子 疼。 Wǒ sǎngzi téng.
17	私は病気です。	我 病 了。 Wǒ bìng le.
18	ここが痛いんです。	这儿 疼。 Zhèr téng.
19	私は生理中です。	我 来 月经 了。 Wǒ lái yuèjīng le.
20	医者を呼んでください。	请 你 帮 我 叫 医生 来。 Qǐng nǐ bāng wǒ jiào yīshēng lái.

2 天候の表現

21	今日は何ていい天気なんでしょう！	今天 天气 真 好！ Jīntiān tiānqì zhēn hǎo!
22	今日は天気がとてもいいです。	今天 天气 很 好。 Jīntiān tiānqì hěn hǎo.
23	今日は天気が悪いです。	今天 天气 不 好。 Jīntiān tiānqì bù hǎo.
24	今日は暖かいです。	今天 很 暖和。 Jīntiān hěn nuǎnhuo.
25	今日は涼しいです。	今天 很 凉快。 Jīntiān hěn liángkuai.
26	今日は寒いです。	今天 很 冷。 Jīntiān hěn lěng.
27	今日は暑いです。	今天 很 热。 Jīntiān hěn rè.
28	今日は蒸し暑いです。	今天 很 闷热。 Jīntiān hěn mēnrè.
29	雨が降ってきました。	下 雨 了。 Xià yǔ le.
30	雨が止みました。 ★「雨がすでに降っている」ということが「前提条件」になるので"雨"〈yǔ〉が文頭に来ます。同じことは次の雪や風についてもあてはまります。	雨 停 了。 Yǔ tíng le.
31	雪が降ってきました。	下 雪 了。 Xià xuě le.
32	雪が止みました。	雪 停 了。 Xuě tíng le.
33	風が吹いてきました。	刮 风 了。 Guā fēng le.
34	風は止みました。	风 息 了。 Fēng xī le.

35	今日は風があります。	今天 风 大。 Jīntiān fēng dà.
36	雨が降っています。	下着 雨 呢。 Xiàzhe yǔ ne.
37	雪が降っています。	下着 雪 呢。 Xiàzhe xuě ne.
38	カナダの気候はどうですか？	加拿大 的 气候 怎么样？ Jiānádà de qìhòu zěnmeyàng?
39	京都は夏は暑いですか？	京都 夏天 热 不 热？ Jīngdū xiàtiān rè bu rè?
40	北京は秋は涼しいですか？	北京 秋天 凉快 不 凉快？ Běijīng qiūtiān liángkuai bu liángkuai?
41	北海道は冬には雪がたくさん降ります。	北海道 冬天 下 很 多 雪。 Běihǎidào dōngtiān xià hěn duō xuě.
42	日本は6月には雨がたくさん降ります。	日本 六月 下 很 多 雨。 Rìběn liùyuè xià hěn duō yǔ.
43	日本では8月が一番暑い月です。 ★"月份"〈yuèfen〉：月、月順。	在 日本 八月 是 最 热 的 月份。 Zài Rìběn bāyuè shì zuì rè de yuèfen.
44	今日はきのうよりも暑いです。	今天 比 昨天 热。 Jīntiān bǐ zuótiān rè.
45	天気は暑くなる一方です。	天气 越 来 越 热。 Tiānqì yuè lái yuè rè.

3 中国語学習についての表現

46	あなたの中国語はうまいですよ。	你 的 中国话 很 好。 Nǐ de Zhōngguóhuà hěn hǎo.
47	あなたは中国語を話すのがうまいですね。 ★前の部分の動詞 "说"〈shuō〉は省略できます。	你 说 中国话 说得 很 好。 Nǐ shuō Zhōngguóhuà shuōde hěn hǎo.
48	あなたは中国語が流暢ですね。	你 的 中国话 说得 很 流利。 Nǐ de Zhōngguóhuà shuōde hěn liúlì.
49	あなたは中国へ行ったことがありますか？	你 去过 中国 吗？ Nǐ qùguo Zhōngguó ma?
50	私は中国語はあまりうまく話せません。	我 不 大 会 说 中国话。 Wǒ bú dà huì shuō Zhōngguóhuà.
51	私の中国語は駄目です。	我 的 中国话 不 好。 Wǒ de Zhōngguóhuà bù hǎo.
52	あなたは中国語を勉強して何年になりますか？	你 学 中文 学了 几 年 了？ Nǐ xué Zhōngwén xuéle jǐ nián le?
53	私は中国語を勉強して4年になります。	我 学 中文 学了 四 年 了。 Wǒ xué Zhōngwén xuéle sì nián le.
54	私は中国語を勉強して5年あまりになります。	我 学 中文 学了 五 年 多 了。 Wǒ xué Zhōngwén xuéle wǔ nián duō le.
55	あなたはどこで中国語を勉強していますか？	你 在 哪儿 学 中文？ Nǐ zài nǎr xué Zhōngwén?
56	私は東京外国語大学で中国語を勉強しています。	我 在 东京外国语 大学 学 中文。 Wǒ zài Dōngjīngwàiguóyǔ Dàxué xué Zhōngwén.

57	中国語は忘れてしまいました。	中国话 我 都 忘 了。 Zhōngguóhuà wǒ dōu wàng le.
58	私は中国語で手紙が書きたいです。	我 想 用 中文 写 信。 Wǒ xiǎng yòng Zhōngwén xiě xìn.
59	あなたは中国語以外に何語を勉強していますか？ ★"除了…以外"〈chúle…yǐwài〉：…を除いて。"以外"は省略されることもあります。	除了 中文 以外, 你 还 Chúle Zhōngwén yǐwài, nǐ hái 学 什么 外国语？ xué shénme wàiguóyǔ?
60	私は中国語しか勉強したことがありません。	我 只 学过 中文。 Wǒ zhǐ xuéguo Zhōngwén.
61	私は中国語以外に英語が話せます。	除了 中国话 以外, 我 会 Chúle Zhōngguóhuà yǐwài, wǒ huì 说 英语。 shuō Yīngyǔ.
62	青木さん以外に中国語を話せる人はいません。	除了 青木 先生 以外, 没 Chúle Qīngmù xiānsheng yǐwài, méi 有 人 会 说 中国话。 yǒu rén huì shuō Zhōngguóhuà.
63	中国語が話せないなら英語を話してください。 ★"如果…就~"〈rúguǒ…jiù~〉：もし…なら~である。	如果 你 不 会 说 Rúguǒ nǐ bú huì shuō 中国话, 就 说 英语。 Zhōngguóhuà, jiù shuō Yīngyǔ.
64	中国語を勉強したいアメリカ人はたくさんいます。	有 很 多 美国人 要 学 Yǒu hěn duō Měiguórén yào xué 中国话。 Zhōngguóhuà.
65	中国語を話せる日本人はたくさんいます。	有 很 多 日本人 会 说 Yǒu hěn duō Rìběnrén huì shuō 中国话。 Zhōngguóhuà.
66	中国語はどこが難しいと思いますか？	你 觉得 中国话 什么 Nǐ juéde Zhōngguóhuà shénme 地方 难？ dìfang nán?

67	私は中国語は発音と文法が難しいと思います。	我 觉得 中国话 发音 和 Wǒ juéde Zhōngguóhuà fāyīn hé 文法 很 难。 wénfǎ hěn nán.
68	中国語の勉強に一番いい方法は何ですか？	学 中文 最 好 的 方法 Xué Zhōngwén zuì hǎo de fāngfǎ 是 什么？ shì shénme？
69	中国語の勉強にはたくさん聞いてたくさん話すことが一番大切です。	学 中文 最 重要 的 是 Xué Zhōngwén zuì zhòngyào de shì 多 听 多 说。 duō tīng duō shuō.
70	私たちは金先生に中国語を教えてもらっています。	金 老师 教 我们 中国话。 Jīn lǎoshī jiāo wǒmen Zhōngguóhuà.
71	私は中国語が少し分かります。	我 懂 一点儿 中国话。 Wǒ dǒng yìdiǎnr Zhōngguóhuà.
72	私は中国語のヒアリングが駄目です。	我 听不懂 中国话。 Wǒ tīngbudǒng Zhōngguóhuà.
73	私は中国語のヒアリングはできます。	我 听得懂 中国话。 Wǒ tīngdedǒng Zhōngguóhuà.
74	次の日本語を中国語に訳しなさい。 ★"下列"〈xiàliè〉：下記の、次に列挙する。 ★"日语"〈Rìyǔ〉：(話しことばとしての) 日本語。書きことばとしての日本語を意味する時は"日文"〈Rìwén〉が主に使われます。 ★"词语"〈cíyǔ〉：語句、字句。	把 下列 的 日语 词语 Bǎ xiàliè de Rìyǔ cíyǔ 翻译成 中国话。 fānyìchéng Zhōngguóhuà.
75	次の日本語の文を中国語に訳しなさい。 ★"句子"〈jùzi〉：文、センテンス。	把 下列 的 日语 句子 Bǎ xiàliè de Rìyǔ jùzi 翻译成 中国话。 fānyìchéng Zhōngguóhuà.
76	これは中国語でどう言いますか？	这个 用 中文 怎么 说？ Zhège yòng Zhōngwén zěnme shuō？
77	この単語はどう発音しますか？ ★"单词"〈dāncí〉：単語。	这个 单词 怎么 发音？ Zhège dāncí zěnme fāyīn？
78	これはどういう意味ですか？	这 是 什么 意思？ Zhè shì shénme yìsi？

4 機内・入国の表現

機　　内

79	私の席はどこですか？ ★"坐位"〈zuòwèi〉：座席。	我 的 坐位 在 哪儿？ Wǒ de zuòwèi zài nǎr?
80	搭乗券をお見せください。 ★"出示"〈chūshì〉：呈示する。	请 出示 您 的 登机牌。 Qǐng chūshì nín de dēngjīpái.
81	当機はまもなく離陸致します。	我们 很 快要 起飞 了。 Wǒmen hěn kuàiyào qǐfēi le.
82	安全ベルトをお締めください。 ★"系"〈jì〉：締める、結ぶ。 ★"好"〈hǎo〉：動詞の後に置かれ「…し終わる」という意味を表す結果補語の用法です。	请 系好 安全带。 Qǐng jìhǎo ānquándài.
83	すいません、日本語の雑誌はありますか？ ★"请问"〈qǐngwèn〉：「お尋ねします、お伺いします」という意味を表す敬語で、呼びかけのことばとして使われます。人に頼み事をする時の呼びかけの表現として、"劳驾"〈láojià〉、"喂"〈wèi〉、"对不起"〈duìbuqǐ〉などがあります。	请问, 有 没 有 日文 Qǐngwèn, yǒu mei you Rìwén 杂志？ zázhì?
84	コーヒーを1杯ください。	请 给 我 一 杯 咖啡。 Qǐng gěi wǒ yì bēi kāfēi.
85	枕をもう1つください。	请 再 给 我 一 个 枕头。 Qǐng zài gěi wǒ yí ge zhěntou.
86	毛布を2枚いただけますか？	请 给 我 两 条 毛毯, 好 Qǐng gěi wǒ liǎng tiáo máotǎn, hǎo 吗？ ma?
87	当機はまもなく香港に到着致します。 ★"着陆"〈zhuólù〉：着陸する。	我们 就要 着陆 到 香港 Wǒmen jiùyào zhuólù dào Xiānggǎng 了。 le.

入　　国

88	パスポートと入国カードを見せてください。	请 出示 你 的 护照 和 入境 登记卡。 Qǐng chūshì nǐ de hùzhào hé rùjìng dēngjìkǎ.
89	旅行の目的は何ですか？ ★「観光です。」と答える時は、"观光"〈guānguāng〉と「仕事（商用）」なら、"商务"〈shāngwù〉と言えばいいでしょう。	旅行 目的 是 什么？ Lǚxíng mùdì shì shénme?
90	香港には何日間滞在しますか？ ★期間を表すことばを使って次のように答えます。「6日間」なら、"六 天"〈liù tiān〉となります。	你 打算 在 香港 住 几 天？ Nǐ dǎsuan zài Xiānggǎng zhù jǐ tiān?
91	どこに滞在しますか？ ★滞在場所を言って答えます。「北京飯店（北京ホテル）」なら、"北京 饭店"〈Běijīng Fàndiàn〉となります。	你 住 在 哪儿？ Nǐ zhù zài nǎr?
92	健康申告書をなくしてしまいました。 ★"丢"〈diū〉：紛失する、なくす	我 丢了 健康 申明卡。 Wǒ diūle jiànkāng shēnmíngkǎ.
93	帰りの航空券はありますか？ ★"回程"〈huíchéng〉：帰り、帰路． ★"飞机票"〈fēijīpiào〉：航空券。"机票"という言い方もあります。	你 有 没 有 回程 飞机票？ Nǐ yǒu mei you huíchéng fēijīpiào?
94	申告する物は何かありますか？ ★"申报"〈shēnbào〉：申告する、届け出る ★申告する物が何もなければ、"没 有"〈Méi yǒu〉と答えます。ある場合は、"有"〈Yǒu〉と答えてから、具体的に何があるのか言います。例えば「ウィスキーが3本ある」時は、"我 有 三 瓶 威士忌酒"〈Wǒ yǒu sān píng wēishìjìjiǔ〉となります。	你 有 什么 要 申报 的 东西 吗？ Nǐ yǒu shénme yào shēnbào de dōngxi ma?

5 乗り物を利用する時の表現

タクシー

95	すいません、タクシー乗り場はどこですか？	请问，出租 汽车 站 在 哪儿？ Qǐngwèn, chūzū qìchē zhàn zài nǎr?
96	タクシーを頼みたいんですけど。	我 要 出租 汽车。 Wǒ yào chūzū qìchē.
97	タクシーを呼んでいただけませんか？	请 给 我 叫 出租 汽车，好 吗？ Qǐng gěi wǒ jiào chūzū qìchē, hǎo ma?
98	（運転手が客に）どちらまでですか？ ★"您到哪儿去？"〈Nín dào nǎr qù?〉という表現もあります。	您 去 哪儿？ Nín qù nǎr?
99	ワシントンホテルまでお願いします。	我 想 去 华盛顿 饭店。 Wǒ xiǎng qù Huáshèngdùn Fàndiàn.
100	着きましたよ。	到 了。 Dào le.
101	おいくらですか？ ★中国のお金の単位は次の通りです。 　[ ] 内は話しことばです。 　　元〈yuán〉[块〈kuài〉] 　　角〈jiǎo〉[毛〈máo〉]＝0.1元 　　分〈fēn〉[分〈fēn〉]＝0.01元 "元"、"角"は紙幣ですが、"分"はコインです。"一元"は日本円で約15円です。	多少 钱？ Duōshao qián?
102	この住所へ行ってもらえますか？	请 到 这个 地址 的 地方，行 不 行？ Qǐng dào zhège dìzhǐ de dìfang, xíng bu xíng?

| 103 | 北京ホテルまではいくらですか？ | 到 北京 饭店 要 多少
Dào Běijīng Fàndiàn yào duōshao
钱？
qián？ |

バス

104	すいません、最寄りのバス停はどこですか？	请问，最近 的 公共 汽车 Qǐngwèn, zuìjìn de gōnggòng qìchē 站 在 哪儿？ zhàn zài nǎr？
105	このバスは北海公園に行きますか？	这 辆 公共 汽车 去 Zhè liàng gōnggòng qìchē qù 北海 公园 吗？ Běihǎi Gōngyuán ma？
106	切符を2枚ください。	我 要 买 两 张 车票。 Wǒ yào mǎi liǎng zhāng chēpiào.
107	空港まで行くのに乗り換えなければなりませんか？	到 机场 要 不 要 换车？ Dào jīchǎng yào bu yào huànchē？
108	空港まで行くのにどこで乗り換えるのですか？	到 机场 在 哪儿 换车？ Dào jīchǎng zài nǎr huànchē？
109	北京動物園まではいくらですか？	到 北京 动物园 多少 Dào Běijīng Dòngwùyuán duōshao 钱？ qián？
110	私はここで降ります。	我 在 这儿 下车。 Wǒ zài zhèr xiàchē.

鉄道

| 111 | すいません、駅はどこですか？ | 请问，火车站 在 哪里？
Qǐngwèn, huǒchēzhàn zài nǎli？ |
| 112 | すいません、切符売り場はどこですか？ | 请问，售票处 在 哪儿？
Qǐngwèn, shòupiàochù zài nǎr？ |

113	武漢まで切符を2枚ください。	请 给 我 两 张 去 武汉 Qǐng gěi wǒ liǎng zhāng qù Wǔhàn 的 票。 de piào.
114	1等にしますか2等にしますか？	你 要 软卧 还是 要 Nǐ yào ruǎnwò háishi yào 硬卧？ yìngwò？
115	すいません、ハルピンまではいくらですか？	请问, 到 哈尔滨 多少 Qǐngwèn, dào Hā'ěrbīn duōshao 钱？ qián？
116	すいません、成都にはいつ着きますか？	请问, 什么 时候 到 Qǐngwèn, shénme shíhou dào 成都？ Chéngdū？
117	大連へ行くにはどこで乗り換えるのですか？	到 大连 在 哪儿 换车？ Dào Dàlián zài nǎr huànchē？
118	この列車は広州へ行きますか？ ★"趟"〈tàng〉：列車を数える量詞です。	这 趟 列车 是 去 广州 Zhè tàng lièchē shì qù Guǎngzhōu 的 吗？ de ma？

飛 行 機

119	すいません、東方航空のカウンターはどこですか？	请问 东方 航空 公司 Qǐngwèn, Dōngfāng Hángkōng Gōngsī 的 服务台 在 哪儿？ de fúwùtái zài nǎr？
120	すいません、花茶を1杯もらえますか？	请 给 我 一 杯 花茶, 好 Qǐng gěi wǒ yì bēi huāchá, hǎo 不 好？ bu hǎo？
121	魚にしますか牛肉にしますか？	你 要 鱼 还是 要 牛肉？ Nǐ yào yú háishi yào niúròu？
122	魚にします。	我 要 鱼。 Wǒ yào yú.

123	東京までの飛行機のチケットを予約したいのですが。 ★ "订"〈dìng〉：予約する、注文する。	我 想 订 去 东京 的 Wǒ xiǎng dìng qù Dōngjīng de 飞机票。 fēijīpiào.
124	ファーストクラスですかエコノミーですか？ ★ "舱"〈cāng〉：(飛行機、船の) 客室。	你 要 头等舱 还是 要 Nǐ yào tóuděngcāng háishi yào 经济舱？ jīngjìcāng？
125	窓側の席にしてください。 ★ "靠"〈kào〉：接近する、近くにある。 ★ "窗户"〈chuānghu〉：窓。通路側の席は "靠 通道〈tòngdào〉的 坐位" です。	我 要 靠 窗户 的 坐位。 Wǒ yào kào chuānghu de zuòwèi.
126	禁煙席をお願いします。 ★「喫煙席」は、"吸烟席"〈xīyānxí〉です。	请 给 我 禁烟席。 Qǐng gěi wǒ jìnyānxí.
127	予約の確認をしたいのですが。 ★ "确认"〈quèrèn〉：確認する。	我 想 确认 一下 我 的 Wǒ xiǎng quèrèn yíxià wǒ de 坐位。 zuòwèi.
128	北京から名古屋までの飛行時間はどれくらいですか？	从 北京 到 名古屋 要 Cóng Běijīng dào Mínggǔwū yào 飞行 几 个 小时？ fēixíng jǐ ge xiǎoshí？
129	あなたの乗る飛行機は何時出発ですか？	你 的 飞机 几 点 起飞？ Nǐ de fēijī jǐ diǎn qǐfēi？
130	私は飛行機で上海へ行きたいんです。	我 想 坐 飞机 去 上海。 Wǒ xiǎng zuò fēijī qù Shànghǎi.
131	私はあさって出発したいんです。	我 想 后天 走。 Wǒ xiǎng hòutiān zǒu.
132	上海行きの便を予約できますか？ ★ "预约"〈yùyuē〉：予約する。 ★ "班机"〈bānjī〉：飛行機の便。	我 可以 预约 去 上海 的 Wǒ kěyǐ yùyuē qù Shànghǎi de 班机 吗？ bānjī ma？

6 ホテルでの表現

133	チェックインをお願いします。 ★"办理"〈bànlǐ〉:処理する、取り扱う。 ★"住宿"〈zhùsù〉:泊まる。 ★"登记"〈dēngjì〉:チェックイン。 ★"手续"〈shǒuxù〉:手続き。	我 想 办理 住宿 登记 Wǒ xiǎng bànlǐ zhùsù dēngjì 手续。 shǒuxù.
134	お名前は？	您 叫 什么 名字？ Nín jiào shénme míngzi?
135	星 明子です。	我 叫 星 明子。 Wǒ jiào Xīng Míngzi.
136	ご予約を承っております。 ★"预订"〈yùdìng〉:予約する。 ★"记录"〈jìlù〉:記録。	我们 有 您 的 预订 Wǒmen yǒu nín de yùdìng 记录。 jìlù.
137	こちらの用紙にご記入をお願いできますか？ ★"填"〈tián〉:書き入れる、空欄を埋める。	请 您 填好 这 张 Qǐng nín tiánhǎo zhè zhāng 登记表，好 吗？ dēngjìbiǎo, hǎo ma?
138	お部屋は315号室でございます。 ★3けた以上の数字の中の"1"〈yī〉は"7"〈qī〉と間違えないように〈yāo〉と発音されることがあります。	您 的 房间 是 315 Nín de fángjiān shì sānyāowǔ 号 房。 hào fáng.
139	こちらが鍵でございます。	这 是 您 的 钥匙。 Zhè shì nín de yàoshi.
140	お部屋は3階になります。	您 的 房间 在 三 楼。 Nín de fángjiān zài sān lóu.
141	すいませんが、部屋は空いていますか？ ★"空"〈kōng〉:空いている。	请问，你们 这儿 有 没 Qǐngwèn, nǐmen zhèr yǒu mei 有 空 房间？ you kōng fángjiān?
142	シングルの部屋がよろしいですか？ ★「ツイン」は"双人"〈shuāngrén〉です。	您 想要 单人 房间 吗？ Nín xiǎng yào dānrén fángjiān ma?
143	何泊されますか？	您 住 几 天？ Nín zhù jǐ tiān?

144	私の部屋は何階ですか？	我 的 房间 在 几 楼？ Wǒ de fángjiān zài jǐ lóu?
145	すいません、食堂は何階ですか？	请问，餐厅 在 几 楼？ Qǐngwèn, cāntīng zài jǐ lóu?
146	明日の朝8時半にモーニングコールをお願いします。 ★"明早"〈míngzǎo〉：明朝、明日の朝。 ★"叫醒"〈jiàoxǐng〉：呼び覚ます。	请 明早 八 点 半 打 Qǐng míngzǎo bā diǎn bàn dǎ 电话 叫醒 我。 diànhuà jiàoxǐng wǒ.
147	部屋に鍵を忘れてしまいました。	我 把 钥匙 忘在 房间 里 Wǒ bǎ yàoshi wàngzai fángjiān li 了。 le.

7 道を尋ねる時の表現

148	ここはどこですか？	我 现在 在 哪儿？ Wǒ xiànzài zài nǎr?
149	道に迷ってしまいました。	我 迷路 了。 Wǒ mílù le.
150	すいません、故宮へはどうやって行ったらいいですか？ ★"去"〈qù〉の代わりに"到"〈dào〉も使えます。	请问，去 故宫 怎么 走？ Qǐngwèn, qù Gùgōng zěnme zǒu?
151	すいません、王府井へはどうやって行ったらいいですか？	请问，到 王府井 怎么 走？ Qǐngwèn, dào Wángfǔjǐng zěnme zǒu?
152	上野への行き方を教えてください。	请 告诉 我 到 上野 怎么 走。 Qǐng gàosu wǒ dào Shàngyě zěnme zǒu.
153	国際ホテルへの行き方を教えてください。	请 告诉 我 到 国际 饭店 怎么 走？ Qǐng gàosu wǒ dào Guójì Fàndiàn zěnme zǒu?
154	すいません、日本大使館へ行くにはこの道でいいのですか？	劳驾，这 条 路 能 到 日本 大使馆 吗？ Láojià, zhè tiáo lù néng dào Rìběn dàshǐguǎn ma?
155	すいません、ここから銀行へはどうやって行ったらいいのですか？	劳驾，从 这儿 到 银行 怎么 走？ Láojià, cóng zhèr dào yínháng zěnme zǒu?
156	ここから最寄りの地下鉄の駅へはどうやって行ったらいいですか？	从 这儿 到 最近 的 地铁站 怎么 走？ Cóng zhèr dào zuìjìn de dìtiězhàn zěnme zǒu?
157	どこへ行きたいのですか？	你 想 去 哪儿？ Nǐ xiǎng qù nǎr?
158	地図を書いてください。	请 给 我 画 个 地图。 Qǐng gěi wǒ huà ge dìtú.

159	錦江ホテルまでの地図を書いてください。	请给我画个到锦江饭店的地图。 Qǐng gěi wǒ huà ge dào Jǐnjiāng Fàndiàn de dìtú.
160	まっすぐ行きなさい。	一直走。 Yìzhí zǒu.
161	東へ行きなさい。 ★"向"〈xiàng〉：…に向かって、…へ。 ★次の語で置き換え練習をしましょう。 "南"〈nán〉：南、"西"〈xī〉：西、"北"〈běi〉：北	向东走。 Xiàng dōng zǒu.
162	まず西へそれから東へ行きなさい。	你先向西走，再向东走。 Nǐ xiān xiàng xī zǒu, zài xiàng dōng zǒu.
163	ジェファーソンホテルはここから遠いです。 ★"离"〈lí〉：…から。	杰弗逊饭店离这儿很远。 Jiéfúxùn Fàndiàn lí zhèr hěn yuǎn.
164	岐阜は名古屋から遠いですか？	岐阜离名古屋远不远？ Qífù lí Mínggǔwū yuǎn bu yuǎn?
165	栄は伏見から近いです。	荣离伏见很近。 Róng lí Fújiàn hěn jìn.
166	栄は伏見から歩いていけますか？	荣从伏见能走着去吗？ Róng cóng Fùjiàn néng zǒuzhe qù ma?
167	京都は東京からどれくらい離れていますか？	京都离东京有多远？ Jīngdū lí Dōngjīng yǒu duō yuǎn?
168	名古屋は東京から366キロあります。 ★"公里"〈gōnglǐ〉：キロメートル。 ★他の長さの単位も覚えましょう。 "英里"〈yīnglǐ〉：マイル、"米"〈mǐ〉／"公尺"〈gōngchǐ〉：メートル、"公分"〈gōngfēn〉：センチメートル	名古屋离东京有三百六十六公里。 Mínggǔwū lí Dōngjīng yǒu sānbǎiliùshiliù gōnglǐ.

169	上海は香港からどれくらいの距離ですか？	上海 离 香港 有 多少 公里？ Shànghǎi lí Xiānggǎng yǒu duōshao gōnglǐ？
170	私たちの大学は飛行場からわずか10キロです。	我们 的 大学 离 机场 只 有 十 公里。 Wǒmen de dàxué lí jīchǎng zhǐ yǒu shí gōnglǐ.
171	右へ曲がりなさい。 ★ "拐"〈guǎi〉：方角を変える。 ★ "向"〈xiàng〉が省略されることもあります。	向 右 拐。 Xiàng yòu guǎi.
172	左へ曲がりなさい。	向 左 拐。 Xiàng zuǒ guǎi.
173	すいません、トイレはどこにありますか？	请问，厕所 在 哪儿？ Qǐngwèn, cèsuǒ zài nǎr？
174	私は自由市場へ行きたいんですが。	我 想 去 自由 市场。 Wǒ xiǎng qù zìyóu shìchǎng.

8 買い物の表現

店の場所を尋ねる

175	すいません、友誼商店はどこにありますか？	请问，友谊 商店 在 哪儿？ Qǐngwèn, Yǒuyì Shāngdiàn zài nǎr?
176	すいません、デパートはどこにありますか？ ★次の語で置き換え練習をしましょう。 "书店"〈shūdiàn〉：書店、"五金 商店"〈wǔjīn shāngdiàn〉：金物店、"体育 用品 商店"〈tǐyù yòngpǐn shāngdiàn〉：スポーツ用品店、"玩具店"〈wánjùdiàn〉：玩具店、"文具店"〈wénjùdiàn〉：文房具店、"服装店"〈fúzhuāngdiàn〉：洋服店、"杂货店"〈záhuòdiàn〉：雑貨店、"眼镜店"〈yǎnjìngdiàn〉：メガネ店、"礼品店"〈lǐpǐndiàn〉：土産品店、"古董店"〈gǔdǒngdiàn〉：骨董品店、"药店"〈yàodiàn〉：薬局、"珠宝 首饰店"〈zhūbǎo shǒushidiàn〉：宝石品店	请问，百货 商店 在 哪儿？ Qǐngwèn, bǎihuò shāngdiàn zài nǎr?

いろいろな店で使える表現

177	いらっしゃいませ。	欢迎 光临。 Huānyíng guānglín.
178	ちょっとすいません。 ★謝罪以外に呼びかける時にも使える表現です。	对不起。 Duìbuqǐ.
179	これを買いたいんですけど。	我 想买 这个。 Wǒ xiǎng mǎi zhège.
180	見てるだけです。 ★"只是"〈zhǐshì〉：ただ…にすぎない。	我 只是 看看。 Wǒ zhǐshì kànkan.
181	これはいくらですか？	这个 多少 钱？ Zhège duōshao qián?

182	全部でいくらですか？	一共 多少 钱？ Yígòng duōshao qián?
183	支払いはいくらになりますか？ ★ "付"〈fù〉：支払う。	我 要 付 多少 钱？ Wǒ yào fù duōshao qián?
184	もう少し安いのはありますか？ ★ "便宜"〈piányi〉：値段が安い。	有 没 有 再 便宜 点儿 Yǒu mei you zài piányi diǎnr 的？ de?
185	もう少し大きいのはありますか？	有 大 一点儿 的 吗？ Yǒu dà yìdiǎnr de ma?
186	もう少し小さいのはありますか？	有 小 一点儿 的 吗？ Yǒu xiǎo yìdiǎnr de ma?
187	大きすぎます。	太 大 了。 Tài dà le.
188	小さすぎます。	太 小 了。 Tài xiǎo le.
189	高すぎます。	太 贵 了。 Tài guì le.
190	高すぎて買えません。 ★ "不起"〈buqǐ〉：動詞の後に置いて金銭的などの限度を超えていることを表す可能補語の用法です。同じ可能補語の用法として"买不到"〈mǎibudào〉「品物がなくて買えない」という言い方があります。例文を見ておきましょう。 （この本はもう買えません） 这 本 书 已经 买不到 了。 Zhè běn shū yǐjing mǎibudào le.	太 贵 了 买不起。 Tài guì le mǎibuqǐ.
191	もう少し安くしてもらえますか？	便宜 一点儿 好 吗？ Piányi yìdiǎnr hǎo ma?
192	これを見たいのですが。	我 想 看看 这个。 Wǒ xiǎng kànkan zhège.
193	クレジットカードは使えますか？	能 不 能 用 信用卡？ Néng bu néng yòng xìnyòngkǎ?
194	日本円は使えますか？	能 不 能 用 日元？ Néng bu néng yòng Rìyuán?

195	トラベラーズチェックは使えますか？	我 可以 不 可以 用 旅行支票？ Wǒ kěyǐ bu kěyǐ yòng lǚxíng zhīpiào?
196	違う色はありますか？	有 没 有 别的 颜色？ Yǒu mei you biéde yánsè?
197	これもらいます。	我 买 这个。 Wǒ mǎi zhège.
198	白いのはありますか？ ★次の語で置き換え練習をしましょう。 "红色"〈hóngsè〉：赤、"黄色"〈huángsè〉：黄色、"灰色"〈huīsè〉：灰色、"蓝色"〈lánsè〉：青、"黑色"〈hēisè〉：黒、"绿色"〈lǜsè〉：緑	有 没 有 白色 的？ Yǒu mei you báisè de?
199	領収書をください。 ★"收据"：〈shōujù〉：領収書。	请 给 我 收据。 Qǐng gěi wǒ shōujù.
200	領収書を書いてください。 ★"开"〈kāi〉：(書類などを）書く、作成する。	请 给 我 开 一 张 收据。 Qǐng gěi wǒ kāi yì zhāng shōujù.

衣料品を買う

201	試着してもいいですか？	我 可以 试 一 试 吗？ Wǒ kěyǐ shì yi shì ma?
202	私にぴったりです。 ★"合身"〈héshēn〉：(服が体に）ぴたりと合う。	对 我 很 合身。 Duì wǒ hěn héshēn.
203	私にはサイズが合いません。	对 我 不 合身 Duì wǒ bù héshēn.

204	Tシャツを見せてください。 ★「…を見せてください」という時の便利な言い方です。 ★次の語で置き換え練習をしましょう。 "裙子"〈qúnzi〉：スカート、"迷你裙"〈mínǐqún〉：ミニスカート、"毛衣"〈máoyī〉：セーター、"大衣"〈dàyī〉：コート、"雨衣"〈yǔyī〉：レインコート、"牛仔裤"〈niúzǎikù〉：ジーパン、"睡衣"〈shuìyī〉：パジャマ、"连衣裙"〈liányīqún〉：ワンピース、"中山装"〈zhōngshānzhuāng〉：人民服、"旗袍"〈qípáo〉：チャイナドレス、"背心"〈bèixīn〉：ベスト、"夹克"〈jiākè〉：ジャケット、"对襟毛衣"〈duìjīnmáoyī〉：カーディガン、"帽子"〈màozi〉：帽子、"袜子"〈wàzi〉：靴下、"皮带"〈pídài〉：ベルト	请 给 我 看看 T恤衫。 Qǐng gěi wǒ kànkan tīxùshān.
205	サイズはわかりますか？ ★"尺寸"〈chǐcun〉：寸法、長さ、サイズ。	你 知道 你 的 尺寸 吗？ Nǐ zhīdao nǐ de chǐcun ma?
206	サイズはわかりません。	我 不 知道 我 的 尺寸。 Wǒ bù zhīdao wǒ de chǐcun.
207	サイズはおいくつですか？	你 的 尺寸 多少？ Nǐ de chǐcun duōshao?
208	スカートのサイズはおいくつですか？ ★"穿"〈chuān〉：（衣服を）着る。	你 穿 几 号 的 裙子？ Nǐ chuān jǐ hào de qúnzi?
209	私のサイズは8号です。	我 的 尺寸 是 八 号。 Wǒ de chǐcun shì bā hào.
210	私のサイズを測っていただけますか？ ★"量"〈liáng〉：測る。	请 你 量 我 的 尺寸，好 不 好？ Qǐng nǐ liáng wǒ de chǐcun, hǎo bu hǎo?
211	この色はお気に入りですか？	您 喜欢 这个 颜色 吗？ Nín xǐhuan zhège yánsè ma?
212	どんな色のものがよろしいのでしょうか？	您 喜欢 什么 颜色 的？ Nín xǐhuan shénme yánsè de?
213	私は赤いネクタイを買いたいんです。	我 想 买 一 条 红 领带。 Wǒ xiǎng mǎi yì tiáo hóng lǐngdài.

214	私は新しいドレスが買いたいんです。	我 想 买 一 件 新 连衣裙。 Wǒ xiǎng mǎi yí jiàn xīn liányīqún.
215	私はスカート1枚と靴下が何足か買いたいんです。 ★スカートを数える時、量詞は"件"〈jiàn〉ではなく、"条"〈tiáo〉を用います。	我 想 买 一 条 裙子 和 几 双 袜子。 Wǒ xiǎng mǎi yì tiáo qúnzi hé jǐ shuāng wàzi.
216	この水色のセーターをください。	我 要 这 件 淡蓝色 的 毛衣。 Wǒ yào zhè jiàn dànlánsè de máoyī.
217	あちらのブラウスを見せてもらえますか？	请 给 我 看看 那 件 女衬衫，好 吗？ Qǐng gěi wǒ kànkan nà jiàn nǚchènshān, hǎo ma?

食料品を買う

218	パン屋はどこですか？ ★次の語で置き換え練習をしましょう。 "肉店"〈ròudiàn〉:肉屋、"鱼店"〈yúdiàn〉:魚屋、"酒店"〈jiǔdiàn〉:酒屋、"粮店"〈liángdiàn〉:米屋、"豆腐店"〈dòufudiàn〉:豆腐屋、"糖果店"〈tángguǒdiàn〉:菓子屋、"糕点铺"〈gāodiǎnpù〉:ケーキ屋	面包店 在 哪儿？ Miànbāodiàn zài nǎr?
219	卵を10個ください。	请 给 我 十 个 鸡蛋。 Qǐng gěi wǒ shí ge jīdàn.
220	あひるの卵をいくつかください。	请 给 我 几 个 鸭蛋。 Qǐng gěi wǒ jǐ ge yādàn.
221	ガチョウの卵を2つください。	请 给 我 两 个 鹅蛋。 Qǐng gěi wǒ liǎng ge édàn.

222	リンゴを5個ください。 ★次の語で置き換え練習をしましょう。 "西瓜"〈xīguā〉：スイカ、"桔子"〈júzi〉：ミカン、"桃子"〈táozi〉：モモ、"甜瓜"〈tiánguā〉：メロン、"柿子"〈shìzi〉：カキ	请 给 我 五 个 苹果。 Qǐng gěi wǒ wǔ ge píngguǒ.
223	牛肉を1キロください。 ★"公斤"〈gōngjīn〉：キログラム。 ★他の重さの単位も覚えましょう。 "斤"〈jīn〉：500グラム、"两"〈liǎng〉：50グラム、"克"〈kè〉：グラム ★次の語で置き換え練習をしましょう。 "猪肉"〈zhūròu〉：豚肉、"鸡肉"〈jīròu〉：鳥肉、"羊肉"〈yángròu〉：羊肉	请 给 我 一 公斤 牛肉。 Qǐng gěi wǒ yì gōngjīn niúròu.
224	サツマイモを2キロください。 ★次の語で置き換え練習をしましょう。 "土豆"〈tǔdòu〉：ジャガイモ、"洋葱"〈yángcōng〉：タマネギ、"蒜"〈suàn〉：ニンニク、"西红柿"〈xīhóngshì〉：トマト、"茄子"〈qiézi〉：ナス、"胡萝卜"〈húluóbo〉：ニンジン、"青椒"〈qīngjiāo〉：ピーマン、"韭菜"〈jiǔcài〉：ニラ	请 给 我 两 公斤 甘薯。 Qǐng gěi wǒ liǎng gōngjīn gānshǔ.
225	バナナをひと房ください。 ★"把"〈bǎ〉：房や束になっているものを数える量詞です。バナナの本数を言う時の量詞は、"根"〈gēn〉（細長いものを数える量詞）です。"个"〈ge〉も使われます。	请 给 我 一 把 香蕉。 Qǐng gěi wǒ yì bǎ xiāngjiāo.
226	ネギ3束ください。 ★ネギの本数を言う時の量詞は、"根"〈gēn〉、"棵"〈kē〉が使われます。"棵"〈kē〉は、木や草を数える時の量詞です。	请 给 我 三 把 葱。 Qǐng gěi wǒ sān bǎ cōng.
227	サンマ5匹ください。 ★魚はネクタイと同じように細長いものに分類されていますので、量詞は、"条"〈tiáo〉が使われます。 ★次の語で置き換え練習をしましょう。 "沙丁鱼"〈shādīngyú〉：イワシ、"青花鱼"〈qīnghuāyú〉：サバ、"鲣鱼"〈jiānyú〉：カツオ、"金枪鱼"〈jīnqiāngyú〉：マグロ	请 给 我 五 条 秋刀鱼。 Qǐng gěi wǒ wǔ tiáo qiūdāoyú.

228	牛乳1リットルください。 ★"升"〈shēng〉：リットル。CCは"立方厘米"〈lìfānglímǐ〉です。	请 给 我 一 升 牛奶。 Qǐng gěi wǒ yì shēng niúnǎi.
229	牛乳3本ください。 ★"瓶"〈píng〉：瓶に入っているものを数える時の量詞です。 ★次の語で置き換え練習をしましょう。 "啤酒"〈píjiǔ〉：ビール、"威士忌酒"〈wēishìjìjiǔ〉：ウィスキー、"葡萄酒"〈pútaojiǔ〉：葡萄酒、"白兰地"〈báilándì〉：ブランデー、"果汁"〈guǒzhī〉：ジュース、"可口可乐"〈kěkǒukělè〉：コカコーラ	请 给 我 三 瓶 牛奶。 Qǐng gěi wǒ sān píng niúnǎi.
230	砂糖1袋ください。 ★"袋"〈dài〉：袋入りのものを数える量詞です。 ★次の語で置き換え練習をしましょう。 "胡椒"〈hújiāo〉：コショウ、"面粉"〈miànfěn〉：小麦粉、"盐"〈yán〉：塩、"糖果"〈tángguǒ〉：キャンディー	请 给 我 一 袋 糖。 Qǐng gěi wǒ yí dài táng.
231	バターを少しください。	请 给 我 一些 黄油。 Qǐng gěi wǒ yìxiē huángyóu.
232	マーガリンを少しください。	请 给 我 一些 麦琪淋。 Qǐng gěi wǒ yìxiē màiqílín.

書籍類を買う

233	英語の本はありますか？	有 没 有 英文 书？ Yǒu mei you Yīngwén shū？
234	どんな本をお求めですか？	您 想 买 什么 书？ Nín xiǎng mǎi shénme shū？
235	英会話の本を見せてください。	请 给 我 看看 英语 会话书。 Qǐng gěi wǒ kànkan Yīngyǔ huìhuàshū.
236	変形文法についての本はありますか？ ★"关于"〈guānyú〉：…に関する、ついての。	关于 变形 文法 的 书 有 吗？ Guānyú biànxíng wénfǎ de shū yǒu ma？

237	ハードカバーのはありますか？ ★「ソフトカバー」は、"平装"〈píngzhuāng〉です。	有 没 有 精装的？ Yǒu mei you jīngzhuāngde?
238	日中辞典はありますか？ ★次の語で置き換え練習をしましょう。"中日 词典"〈Zhōng-Rì cídiǎn〉：中日辞典、"英汉 词典"〈Yīng-Hàn cídiǎn〉：英漢辞典、"汉英 词典"〈Hàn-Yīng cídiǎn〉：漢英辞典	有 没 有 日中 词典？ Yǒu mei you Rì-Zhōng cídiǎn?
239	英漢辞典を1冊もらいます。	我 要 一 本 英汉 词典。 Wǒ yào yì běn Yīng-Hàn cídiǎn.
240	日本語の新聞はありますか？	你们 有 日文 报纸 吗？ Nǐmen yǒu Rìwén bàozhǐ ma?
241	英語の雑誌はありますか？	你们 有 英文 杂志 吗？ Nǐmen yǒu Yīngwén zázhì ma?
242	この漢英辞典はもう買えません。	这 本 汉英 词典 已经 买不到 了。 Zhè běn Hàn-Yīng cídiǎn yǐjing mǎibudào le.
243	この英漢辞典はいくらですか？	这 本 英汉 词典 多少 钱？ Zhè běn Yīng-Hàn cídiǎn duōshao qián?
244	おたくでは日本語の辞書は売っていますか？	你们 卖 不 卖 日文 词典？ Nǐmen mài bu mài Rìwén cídiǎn?
245	辞書3冊で合計5元でございます。	这 三 本 词典 一共 五 块 钱。 Zhè sān běn cídiǎn yígòng wǔ kuài qián.

文具・事務用品を買う

246	ホチキスをください。	请 给 我 订书机。 Qǐng gěi wǒ dìngshūjī.

247	すいません、このパソコンはいくらですか？	劳驾，这 台 电脑 多少 钱？ Láojià, zhè tái diànnǎo duōshao qián?
248	スキャナーはありますか？	有 没 有 扫描器？ Yǒu mei you sǎomiáoqì?
249	マウスはありますか？	你们 有 鼠标 吗？ Nǐmen yǒu shǔbiāo ma?
250	コピー機は売っていますか？	你们 卖 不 卖 复印机？ Nǐmen mài bu mài fùyìnjī?
251	クレヨンは売っておりません。	我们 不 卖 蜡笔。 Wǒmen bú mài làbǐ.
252	フロッピーディスクを買いたいのですが。 ★次の語で置き換え練習をしましょう。 "信封"〈xìnfēng〉：封筒、"明信片"〈míngxìnpiàn〉：ハガキ、"本子"〈běnzi〉：ノート、"笔记本"〈bǐjìběn〉：手帳、"信纸"〈xìnzhǐ〉：便箋、"活页"〈huóyè〉：ルーズリーフ、"铅笔"〈qiānbǐ〉：鉛筆、"圆珠笔"〈yuánzhūbǐ〉：ボールペン、"钢笔"〈gāngbǐ〉：万年筆、"橡皮"〈xiàngpí〉：消しゴム、"毛笔"〈máobǐ〉：筆、"砚台"〈yàntai〉：硯（すずり）、"浆糊"〈jiànghu〉：のり、"剪子"〈jiǎnzi〉：はさみ、"圆规"〈yuánguī〉：コンパス、"计算器"〈jìsuànqì〉：電卓	我 想 买 软磁盘。 Wǒ xiǎng mǎi ruǎncípán.

薬を買う

253	すいません、薬局はどこにありますか？	请问，药店 在 哪儿？ Qǐngwèn, yàodiàn zài nǎr?
254	この近くに薬局はありますか？	这 附近 有 药店 吗？ Zhè fùjìn yǒu yàodiàn ma?
255	この薬を1日に4回飲んでください。 ★"吃"〈chī〉：(薬などを) 飲む。	这个 药 一 天 吃 四 次。 Zhège yào yì tiān chī sì cì.

256	この薬を8時間おきに飲んでください。	这个 药 每隔 八 小时 吃 一 次。 Zhège yào měigé bā xiǎoshí chī yí cì.
257	すいません、この薬はどうやって飲んだらいいのですか？	请问，这个 药 怎么 吃？ Qǐngwèn, zhège yào zěnme chī?
258	風邪薬をください。 ★次の語で置き換え練習をしましょう。 "抗菌素"〈kàngjūnsù〉：抗生物質、"止泻药"〈zhǐxièyào〉:下痢止め、"止咳药"〈zhǐkéyào〉:咳止め、"退烧药"〈tuìshāoyào〉:解熱剤、"止痛药"〈zhǐtòngyào〉:鎮痛剤、"安眠药"〈ānmiányào〉:睡眠薬、"肠胃药"〈chángwèiyào〉：胃腸薬、"头疼药"〈tóuténgyào〉:頭痛薬、"眼药"〈yǎnyào〉:目薬、"阿司匹林"〈āsīpǐlín〉:アスピリン	请 给 我 感冒药。 Qǐng gěi wǒ gǎnmàoyào.

骨董品を買う

259	私は水墨画に興味があります。 ★次の語で置き換え練習をしましょう。 "挂轴"〈guàzhóu〉：掛け軸、"花瓶"〈huāpíng〉：花瓶、"地毯"〈dìtǎn〉：じゅうたん、"雕刻"〈diāokè〉:彫刻	我 对 山水画 感 兴趣。 Wǒ duì shānshuǐhuà gǎn xìngqù.
260	あなたは中国画を知っていますか？ ★"国画"〈guóhuà〉：中国画。"中国画"〈zhōngguóhuà〉：という言い方もあります。	你 知道 国画 吗？ Nǐ zhīdao guóhuà ma?
261	あの花瓶を見せてください。	请 给 我 看看 那个 花瓶。 Qǐng gěi wǒ kànkan nàge huāpíng.
262	この花瓶はいくらですか？	这个 花瓶 多少 钱？ Zhège huāpíng duōshao qián?
263	このじゅうたんは、どれくらい前のものですか？	这 张 地毯 是 多少 年 前 的？ Zhè zhāng dìtǎn shì duōshao nián qián de?

264	その硯（すずり）は明代のものです。	那个 砚台 是 明朝 的。 Nàge yàntai shì Míngcháo de.
265	ガラス製品はありますか？	你们 有 没 有 玻璃 Nǐmen yǒu mei you bōli 制品？ zhìpǐn?
266	それはエメラルドですかそれともサファイアですか？	那 是 绿宝石 还是 Nà shì lǜbǎoshí háishi 蓝宝石？ lánbǎoshí?
267	ルビーでできたものはありますか？	你们 有 红宝石 制品 Nǐmen yǒu hóngbǎoshí zhìpǐn 吗？ ma?
268	それは真珠ではありません。	那 不 是 珍珠。 Nà bú shì zhēnzhū.
269	これはダイヤモンドですか？	这 是 不 是 钻石？ Zhè shì bu shi zuànshí?
270	景泰藍（銅製七宝焼き）を探しています。	我 在 找 景泰蓝。 Wǒ zài zhǎo jǐngtàilán.

9 食事の表現

> レストランで

271	私は中華料理が食べたいです。 ★"中餐"〈zhōngcān〉：中華（中国）料理。"中国菜"〈Zhōngguócài〉という言い方もあります。和食、洋食は次のように言います。 和食："日餐"〈rìcān〉、"日本菜"〈Rìběncài〉 洋食："西餐"〈xīcān〉、"西洋菜"〈xīyángcài〉	我 想 吃 中餐。 Wǒ xiǎng chī zhōngcān.
272	私は四川料理を食べたことがありません。 ★"京菜"〈Jīngcài〉：北京料理、"粤菜"〈Yuècài〉：広東料理、"沪菜"〈Hùcài〉：上海料理、"川菜"〈Chuāncài〉：四川料理を合わせて4大料理と呼ばれています。	我 没 吃过 川菜。 Wǒ méi chīguo Chuāncài.
273	このあたりで一番いいレストランはどこですか？ ★レストランを意味する語は他に、"餐厅"〈cāntīng〉、"菜馆"〈càiguǎn〉などがあります。	这 附近 最好 的 餐馆 在 Zhè fùjìn zuìhǎo de cānguǎn zài 哪儿？ nǎr?
274	すいません、このレストランはどこにありますか？ ★"家"〈jiā〉：建物を数える量詞です。	请问，这 家 餐厅 在 Qǐngwèn, zhè jiā cāntīng zài 哪儿？ nǎr?
275	予約はしてありません。	我 没有 预约。 Wǒ méiyǒu yùyē.
276	6時に予約がしてあります。	我们 预约 在 六 点。 Wǒmen yùyuē zài liù diǎn.
277	明日の晩の夕食の予約をしたいのですが。 ★"订"〈dìng〉：予約する。	我 想 订 明天 的 晚饭。 Wǒ xiǎng dìng míngtiān de wǎnfàn.
278	あさっての昼食の予約をしたいのですが。	我 想 订 后天 的 午饭。 Wǒ xiǎng dìng hòutiān de wǔfàn.

279	こんばんは（いらっしゃいませ）。 何名様ですか？	晚上 好。几 位？ Wǎnshang hǎo. Jǐ wèi ?
280	5名です。 ★人数分の数字を言って答えます。	五 位。 Wǔ wèi.
281	こちらへどうぞ。	请 跟 我 来。 Qǐng gēn wǒ lái.
282	どうぞおすわりください。	请 坐。 Qǐng zuò.
283	メニューを見せてください。	请 给 我 看看 菜单。 Qǐng gěi wǒ kànkan càidān.
284	日本語のメニューはありますか？	有 没 有 日文 菜单？ Yǒu mei you Rìwén càidān ?
285	すいません、きょうのおすすめ料理は何ですか？ ★"特菜"〈tècài〉：特別メニュー。	请问, 今天 的 特菜 是 Qǐngwèn, jīntiān de tècài shì 什么？ shénme ?
286	何かおすすめはありますか？	请 你 给 我 介绍 菜, 好 Qǐng nǐ gěi wǒ jièshào cài, hǎo 不 好？ bu hao ?
287	先にビールを飲みます。	我们 先 喝 啤酒。 Wǒmen xiān hē píjiǔ.
288	何をお召し上がりになられますか？	你们 想 吃 什么？ Nǐmen xiǎng chī shénme ?
289	ご注文はお決まりになられましたか？ ★"点"〈diǎn〉：指定する。	点 菜 吗？ Diǎn cài ma ?
290	おねえさん、ちょっとすいません。 ★"小姐"〈xiǎojie〉：おねえさん（若い女性に対する呼びかけのことば）。ウエートレスを呼ぶ時に使えます。ボーイを呼ぶ時は、"服务员"〈fúwùyuán〉、"师傅"〈shīfu〉を使います。	小姐！ Xiǎojie !
291	注文します。	我 要 点 菜。 Wǒ yào diǎn cài.
292	お飲み物は何になさいますか？	你们 想 喝 点儿 什么？ Nǐmen xiǎng hē diǎnr shénme ?

293	私は赤ワインを1杯もらいます。	我 要 一 杯 红葡萄酒。 Wǒ yào yì bēi hóngpútaojiǔ.
294	私もです。	我 也 一样。 Wǒ yě yíyàng.
295	私はマオタイ酒をもらいます。 ★次の語で置き換え練習をしましょう。 "老酒"〈lǎojiǔ〉：ラオチュー、"绍兴酒"〈shàoxīngjiǔ〉：〈紹興酒〉、"米酒"〈mǐjiǔ〉：〈米酒〉、"桂林米酒"〈Guìlín mǐjiǔ〉：桂林米酒、"啤酒"〈píjiǔ〉：ビール、"鲜啤酒"〈xiānpíjiǔ〉：生ビール、"青岛啤酒"〈Qīngdǎo píjiǔ〉：チンタオビール、"洋酒"〈yángjiǔ〉：洋酒、"白兰地"〈báilándì〉：ブランデー、"日本酒"〈Rìběnjiǔ〉：日本酒、"威士忌酒"〈wēishìjìjiǔ〉：ウィスキー、"香槟酒"〈xiāngbīnjiǔ〉：シャンペン、"烧酒"〈shāojiǔ〉：焼酎、"伏特加"〈fútèjiā〉：ウオッカ、"汽水烧酒"〈qìshuǐshāojiǔ〉：チューハイ	我 要 茅台酒。 Wǒ yào máotáijiǔ.
296	乾杯。 ★"干杯"〈gānbēi〉：乾杯する、杯をほす。	干杯。 Gānbēi.
297	みなさんの健康と幸せを祝して乾杯。 ★"为了"〈wèile〉：…のため。	为了 大家 的 健康 和 Wèile dàjiā de jiànkāng hé 幸福, 干杯。 xìngfú, gānbēi.
298	私はバンバンジー（鳥肉の辛みソース）が食べたいです。	我 想 吃 棒棒鸡。 Wǒ xiǎng chī bàngbàngjī.
299	私はホイコーロー（豚肉の味噌炒め）が食べたいです。	我 想 吃 回锅肉。 Wǒ xiǎng chī huíguōròu.
300	私はビーフステーキは食べたくありません。	我 不 想 吃 牛排。 Wǒ bù xiǎng chī niúpái.
301	私は豚肉は嫌いです。	我 不 喜欢 吃 猪肉。 Wǒ bù xǐhuan chī zhūròu.
302	私は北京ダックをもらいます。	我 想 要 北京烤鸭。 Wǒ xiǎng yào Běijīngkǎoyā.
303	私は羊肉のシャブシャブをもらいます。	我 想 要 涮羊肉。 Wǒ xiǎng yào shuànyángròu.

304	私はギョウザをたくさん食べたいです。 ★「焼きギョウザ」は、"锅贴"〈guōtiē〉、「ゆでギョウザ（水ギョウザ）」は、"水饺子"〈shuǐjiǎozi〉です。	我 想 多 吃 饺子。 Wǒ xiǎng duō chī jiǎozi.
305	あなたはエビチャーハンが好きですか？ ★"虾仁"〈xiārén〉：エビのむき身。	你 喜欢 吃 虾仁 炒饭 吗？ Nǐ xǐhuan chī xiārén chǎofàn ma?
306	杏仁豆腐を2つください。 ★"碗"〈wǎn〉：碗にいれたものを数える量詞です。	请 给 我们 两 碗 杏仁豆腐。 Qǐng gěi wǒmen liǎng wǎn xìngréndòufu.
307	ご飯3つください。	请 给 我们 三 碗 米饭。 Qǐng gěi wǒmen sān wǎn mǐfàn.
308	ご飯のおかわりをいただけますか？ ★"再"〈zài〉：再び、もう一度。 ★"来"〈lái〉：よこす。	请 给 我 再 来 一 碗 米饭，好 吗？ Qǐng gěi wǒ zài lái yì wǎn mǐfàn, hǎo ma?
309	ご飯のお代わりはいかがですか？	给 您 再 来 一 碗 米饭，好 不 好？ Gěi nín zài lái yì wǎn mǐfàn, hǎo bu hǎo?
310	春巻をひと皿ください。 ★"碟"〈dié〉：皿に盛られた料理を数える量詞です。	请 来 一 碟 春卷。 Qǐng lái yì dié chūnjuǎn.
311	シュウマイを5皿ください。	请 来 五 碟 烧卖。 Qǐng lái wǔ dié shāomai.
312	シーフードスープはどうですか？	你们 想 要 海鲜 汤 吗？ Nǐmen xiǎng yào hǎixiān tāng ma?
313	砂糖を取ってくれませんか？ ★"递"〈dì〉：渡す。 ★次の語で置き換え練習をしましょう。 "盐"〈yán〉：塩、"酱油"〈jiàngyóu〉：醤油、"胡椒"〈hújiāo〉：胡椒、"色拉调料"〈sèlātiáoliào〉：ドレッシング、"辣油"〈làyóu〉：ラー油	请 给 我 递 糖，好 吗？ Qǐng gěi wǒ dì táng, hǎo ma?

314	とてもおいしいです。 ★「まずい」は、"不好吃"〈bù hǎochī〉です。 ★「飲んでおいしい」は、"好喝"〈hǎohē〉です。	很 好吃。 Hěn hǎochī.
315	このあんまんは本当においしいです。	这个 豆沙包子 真 好吃。 Zhège dòushābāozi zhēn hǎochī.
316	味はどうですか？	味道 怎么样？ Wèidao zěnmeyàng？
317	これはしょっぱすぎます。 ★"咸"〈xián〉：塩辛い。 ★次の語で置き換え練習をしましょう。 "甜"〈tián〉：甘い、"辣"〈là〉：辛い、 "苦"〈kǔ〉：苦い	这个 太 咸。 Zhège tài xián.
318	あなたはすっぽんを食べたことがありますか？	你 吃过 甲鱼 吗？ Nǐ chīguo jiǎyú ma？
319	私はアヒルを食べたことはありません。	我 没 吃过 鸭子。 Wǒ méi chīguo yāzi.
320	ジャスミン茶をください。 ★次の語で置き換え練習をしましょう。 "绿茶"〈lùchá〉：緑茶、"乌龙茶"〈wūlóngchá〉：ウーロン茶、"普洱茶"〈pǔ'ěrchá〉：プーアール茶、"红茶"〈hóngchá〉：紅茶、"龙井茶"〈lóngjǐngchá〉：竜井茶	请 给 我 茉莉花茶。 Qǐng gěi wǒ mòlìhuāchá.
321	コーヒーを１杯ください。	请 给 我 一 杯 咖啡。 Qǐng gěi wǒ yì bēi kāfēi.
322	腹ぺこです。	我 饿 死了。 Wǒ è sǐle.
323	満腹です。	我 吃饱 了。 Wǒ chībǎo le.
324	これは注文していません。	我 没 点 这个。 Wǒ méi diǎn zhège.
325	おねえさん、お勘定お願いします。 ★"帐单"〈zhàngdān〉：勘定書。	小姐！请 把 帐单 给 我。 Xiǎojie！Qǐng bǎ zhàngdān gěi wǒ.

ファーストフード店で

326	ハンバーガーをください。	请 给 我 汉堡包。 Qǐng gěi wǒ hànbǎobāo.
327	ハンバーガーを3個ください。	请 给 我 三 个 Qǐng gěi wǒ sān ge 汉堡包。 hànbǎobāo.
328	チーズバーガーを5個ください。 ★"奶酪"〈nǎilào〉：チーズ。	请 给 我 五 个 Qǐng gěi wǒ wǔ ge 奶酪汉堡包。 nǎilàohànbǎobāo.
329	こちらでお召し上がりになられますか？	您 在 这儿 吃 吗？ Nín zài zhèr chī ma?
330	おもち帰りになられますか？ ★"拿"〈ná〉：持つ、運ぶ。 ★"回去"〈huíqù〉：動詞の後に置かれ動作の回帰を表します。	您 拿回去 吗？ Nín náhuíqù ma?
331	お飲み物はどうされますか？	您 要 不 要 饮料？ Nín yào bu yào yǐnliào?
332	コカコーラをください。	请 给 我 可口可乐。 Qǐng gěi wǒ kěkǒukělè.
333	コカコーラを2つください。	请 给 我 两 杯 可口可乐。 Qǐng gěi wǒ liǎng bēi kěkǒukělè.
334	ホットドッグをください。	请 给 我 热狗。 Qǐng gěi wǒ règǒu.
335	アイスクリームをください。	请 给 我 冰激凌。 Qǐng gěi wǒ bīngjīlíng.
336	サンドイッチとオレンジジュースをください。	请 给 我 三明治 和 Qǐng gěi wǒ sānmíngzhì hé 桔子水。 júzishuǐ.
337	プリンはありますか？	有 没 有 布丁？ Yǒu mei you bùdīng?
338	チョコレートケーキはありますか？	有 没 有 巧克力 蛋糕？ Yǒu mei you qiǎokèlì dàngāo?

10 電話の表現

339	もしもし、ナンシーです。 ★"喂"〈wèi〉：もしもし、おい。	喂，我 是 南希。 Wèi, wǒ shì Nánxī.
340	もしもし、王さんですか？	喂，王 先生 吗？ Wèi, Wáng xiānsheng ma?
341	もしもし、内山さんいらっしゃいますか？	喂，内山 先生 在 家 吗？ Wèi, Nèishān xiānsheng zài jiā ma?
342	はい、私です。 ★自分が電話を受けた時の答えです。 ★"就"〈jiù〉：ほかでもなく。	我 就 是。 Wǒ jiù shì.
343	出かけています。	他 不 在，出去 了。 Tā bú zài, chūqù le.
344	おります。しばらくお待ちください。	在，请 等 一会儿。 Zài, qǐng děng yíhuìr.
345	太郎、電話だよ。	太郎！电话！ Tàiláng! Diànhuà!
346	もしもし、内線の783番につないでください。 ★"接"〈jiē〉：つなぐ。 ★"分机"〈fēnjī〉：内線。	喂，请 接 七八三 分机。 Wèi, qǐng jiē qībāsān fēnjī.
347	もしもし、ワシントンホテルですか？	喂，华盛顿 饭店 吗？ Wèi, Huáshèngdùn Fàndiàn ma?
348	クリントンさんをお願いします。 ★"找"〈zhǎo〉：探す、見つける。	我 找 克林顿 先生。 Wǒ zhǎo Kèlíndùn xiānsheng.
349	（電話交換手に）すいません、李さんに回してください。 ★"总机"〈zǒngjī〉：電話交換手。 ★"转"〈zhuǎn〉：回す。	总机，请 转 李 先生。 Zǒngjī, qǐng zhuǎn Lí xiānsheng.
350	どちら様ですか？	请问 哪位？ Qǐngwèn, nǎwèi?

351	山田花子です。	我 是 山田 花子。 Wǒ shì Shāntián Huāzǐ.
352	もしもし、誰ですか？ ★"啊"〈a〉：文末に置かれ疑問の語気を示します。	喂，是 谁 啊？ Wèi, shì shéi a?
353	私よ、桜井千香です。	是 我，樱井 千香。 Shì wǒ, Yīngjǐng Qiānxiāng.
354	あなたの電話番号は？	你 的 电话 号码 是 Nǐ de diànhuà hàomǎ shì 多少？ duōshao?
355	私の電話番号は430—5789です。	我 的 电话 号码 是 Wǒ de diànhuà hàomǎ shì 四三〇 五七八九。 sìsānlíng wǔqībājiǔ.
356	電話を借りてもいいですか？	我 可以 用 你 的 电话 Wǒ kěyǐ yòng nǐ de diànhuà 吗？ ma?
357	長距離電話をかけたいのですが。	我 想 打 一 个 长途 Wǒ xiǎng dǎ yí ge chángtú 电话。 diànhuà.
358	国際電話をかけたいのですが。	我 想 打 一 个 国际 Wǒ xiǎng dǎ yí ge guójì 电话。 diànhuà.
359	(電話交換手に)アメリカへ電話をしたいのですが。	总机，我 想 往 美国 打 Zǒngjī, wǒ xiǎng wǎng Měiguó dǎ 一 个 电话。 yí ge diànhuà.
360	コレクトコールをしたいのですが。 ★"对方"〈duìfāng〉：相手、先方。 ★"付款"〈fùkuǎn〉：お金を払う。	我 想 打 一 个 对方 Wǒ xiǎng dǎ yí ge duìfāng 付款 的 电话。 fùkuǎn de diànhuà.
361	すいませんが、局番はいくつですか？ ★"地区"〈dìqū〉：地域、地区。	请问，地区 号 是 多少？ Qǐngwèn, dìqū hào shì duōshao?

362	話し中です。	占线。 Zhànxiàn.
363	かけ間違いですよ。	你打错了。 Nǐ dǎcuò le.
364	すいません、かけ間違えました。	对不起，我打错了。 Duìbuqǐ, wǒ dǎcuò le.
365	もう少し大きい声で話してくださいませんか？	请大点儿声说话，好吗？ Qǐng dà diǎnr shēng shuōhuà, hǎo ma?
366	かけ直します。	我再打。 Wǒ zài dǎ.
367	金さんに伝言をお願いします。 ★ "留话"〈liúhuà〉：伝言する。	我想留话给金先生。 Wǒ xiǎng liúhuà gěi Jīn xiānsheng.
368	今晩かけ直します。	我今天晚上再打。 Wǒ jīntiān wǎnshang zài dǎ.
369	公衆電話はどこにありますか？	公用电话在哪儿？ Gōngyòng diànhuà zài nǎr?
370	忘れずに彼に電話してください。	别忘了给他打电话。 Bié wàng le gěi tā dǎ diànhuà.

11 銀行・郵便局での表現

371	すいません、ニューヨーク銀行はどこにありますか？	请问，纽约 银行 在 哪儿？ Qǐngwèn, Niǔyuē Yínháng zài nǎr?
372	すいません、銀行は何時に開きますか？	请问，银行 几 点 开门？ Qǐngwèn, yínháng jǐ diǎn kāimén?
373	すいません、銀行は何時に閉まりますか？	请问 银行 几 点 关门？ Qǐngwèn, yínháng jǐ diǎn guānmén?
374	どこでお金を両替できますか？ ★"兑换"〈duìhuàn〉両替する。	在 哪儿 可以 兑换 钱？ Zài nǎr kěyǐ duìhuàn qián?
375	アメリカドルを日本円に換えたいんですが。	我 想 把 美元 换成 Wǒ xiǎng bǎ Měiyuán huànchéng 日元。 Rìyuán.
376	どこで円を両替できますか？ ★次の語で置き換え練習をしましょう。 "美元"〈Měiyuán〉：アメリカドル、"台币"〈Táibì〉：台湾元、"港币"〈Gǎngbì〉：香港ドル	在 哪儿 可以 兑换 Zài nǎr kěyǐ duìhuàn 日元？ Rìyuán?
377	人民元をアメリカドルに換えたいんですが。	我 想 把 人民币 换成 Wǒ xiǎng bǎ Rénmínbì huànchéng 美元。 Měiyuán.
378	今日の円とアメリカドルとの交換レートはいくらですか？	日元 和 美元 今天 的 Rìyuán hé Měiyuán jīntiān de 兑换率 多少？ duìhuànlǜ duōshao?
379	この小切手を現金に換えたいんですが。	我 想 把 这 张 支票 Wǒ xiǎng bǎ zhè zhāng zhīpiào 换成 钱。 huànchéng qián.
380	小切手にサインをお願いします。 ★"签字"〈qiānzì〉：サインする、署名する。	请 您 在 支票 上 签字。 Qǐng nín zài zhīpiào shang qiānzì.

381	トラベラーズチェックを現金に換えたいんですが。 ★"现款"〈xiànkuǎn〉：現金。	我 想 把 旅行 支票 Wǒ xiǎng bǎ lǚxíng zhīpiào 换成 现款。 huànchéng xiànkuǎn.
382	10元札を5枚ください。 ★"钞票"〈chāopiào〉：紙幣、札。 ★紙幣は、1元、2元、5元、10元、50元、100元の6種類があります。	请 给 我 五 张 十 元 Qǐng gěi wǒ wǔ zhāng shí yuán 的 钞票。 de chāopiào.
383	身分証明書をお見せください。	我 需要 看 你 的 Wǒ xūyào kàn nǐ de 身分证。 shēnfenzhèng.
384	これがパスポートです。	这 是 我 的 护照。 Zhè shì wǒ de hùzhào.
385	すいません、最寄りの郵便局はどこですか？	请问，最近 的 邮局 在 Qǐngwèn, zuìjìn de yóujú zài 哪里？ nǎli？
386	日本へ航空便で手紙を出したいのですが。 ★"寄"〈jì〉：手紙を出す。	我 想 寄 一 封 航空 Wǒ xiǎng jì yì fēng hángkōng 信 到 日本。 xìn dào Rìběn.
387	この手紙を日本へ送るといくらですか？	寄 这 封 信 到 日本 Jì zhè fēng xìn dào Rìběn 多少 钱？ duōshao qián？
388	この手紙を日本へ速達で送るといくらですか？ ★"快信"〈kuàixìn〉：速達。	寄 这 封 快信 到 日本 Jì zhè fēng kuàixìn dào Rìběn 多少 钱？ duōshao qián？
389	このはがきをカナダへ送るといくらですか？	寄 这 张 明信片 到 Jì zhè zhāng míngxìnpiàn dào 加拿大 多少 钱？ Jiānádà duōshao qián？
390	切手をください。	请 给 我 邮票。 Qǐng gěi wǒ yóupiào.
391	私は切手マニアです。	我 是 集邮迷。 Wǒ shì jíyóumí.

392	郵便局でファックスを送れます。	你 可以 在 邮局 发 传真。 Nǐ kěyǐ zài yóujú fā chuánzhēn.
393	東京へ電報を打ちたいんです。	我 想 打 电报 到 东京。 Wǒ xiǎng dǎ diànbào dào Dōngjīng.

12 観光の表現

394	あれが天安門です。	那 是 天安门。 Nà shì Tiān'ānmén.
395	中国歴史博物館はここから遠いですか？	中国 历史 博物馆 离 Zhōngguó Lìshǐ Bówùguǎn lí 这儿 远 不 远？ zhèr yuán bu yuán?
396	王府井にどうやって行ったらいいのか教えてください。	请 告诉 我 到 王府井 Qǐng gàosu wǒ dào Wángfǔjǐng 怎么 走。 zěnme zǒu.
397	船に乗って西湖公園へ行きましょう。	我们 坐 船 去 西湖 公园 Wǒmen zuò chuán qù Xīhú Gōngyuán 吧。 ba.
398	今はどこへ行くのが一番いいですか？ ★"最好"〈zuìhǎo〉：最もよい。	现在 去 哪儿 最好？ Xiànzài qù nǎr zuìhǎo?
399	あなたはどこへ旅行したいですか？	你 想 去 哪儿 旅行？ Nǐ xiǎng qù nǎr lǚxíng?
400	あなたは北海公園に遊びに行くつもりですか？	你 打算 到 北海 公园 Nǐ dǎsuan dào Běihǎi Gōngyuán 去 玩儿 吗？ qù wánr ma?
401	私たちは中国革命博物館を見たいです。 ★"参观"〈cānguān〉：見物する。	我们 想 参观 中国 革命 Wǒmen xiǎng cānguān Zhōngguó Gémìng 博物馆。 Bówùguǎn.
402	あなたは万里の長城へ何回行ったことがありますか？	你 去过 几 次 万里 Nǐ qùguo jǐ cì Wànlǐ 长城？ chángchéng?
403	あれが有名な人民大会堂です。	那 是 有名 的 人民 Nà shì yǒumíng de Rénmín 大会堂。 Dàhuìtáng.

404	このお寺は800年前に建てられました。	这 坐 寺院 是 八百 年 前 建造 的。 Zhè zuò sìyuàn shì bābái nián qián jiànzào de.
405	あれは何と言う石碑ですか？	那 座 石碑 叫 什么？ Nà zuò shíbēi jiào shénme?
406	湖を見てみなさい。	看看 湖 吧。 Kànkan hú ba.
407	日本語の話せるガイドが必要ですか？ ★"向导"〈xiàngdǎo〉：ガイド、案内役。	你们 需要 说 日本话 的 向导 吗？ Nǐmen xūyào shuō Rìběnhuà de xiàngdǎo ma?
408	24枚のカラーフィルムはありますか？	有 没 有 二十四 张 的 彩色 胶卷？ Yǒu mei you èrshisì zhāng de cǎisè jiāojuǎn?
409	36枚の白黒フィルムはありますか？	有 没 有 三十六 张 的 黑白 胶卷。 Yǒu mei you sānshiliù zhāng de hēibái jiāojuǎn.
410	すいません、写真を撮ってもいいですか？	请问，可以 照相 吗？ Qǐngwèn, kěyǐ zhàoxiàng ma?
411	すいません、ここで写真を撮ってもいいですか？	请问，在 这儿 可以 照相 吗？ Qǐngwèn, zài zhèr kěyǐ zhàoxiàng ma?

13 トラブル時の表現

412	助けてくれ！	救命！ Jiùmìng!
413	あいつを捕まえて！ ★"抓住"〈zhuāzhù〉:捕まえる、捕らえる。	抓住 他！ Zhuāzhù tā!
414	あいつが私の財布を盗んだのよ。 ★"偷"〈tōu〉:盗む。	他 偷了 我 的 钱包。 Tā tōule wǒ de qiánbāo.
415	誰かがパスポートを盗みました。	有 人 偷了 我 的 护照。 Yǒu rén tōule wǒ de hùzhào.
416	財布をなくしました。	我 丢了 钱包。 Wǒ diūle qiánbāo.
417	緊急事態です！	紧急 情况！ Jǐnjí qíngkuàng!
418	警察を呼んでください。	请 叫 警察。 Qǐng jiào jǐngchá.
419	病院へ連れていってください。	请 带 我 去 医院。 Qǐng dài wǒ qù yīyuàn.
420	すいません、日本大使館へはどうやって行ったらいいですか？	请问, 去 日本 大使馆 Qǐngwèn, qù Rìběn dàshǐguǎn 怎么 走？ zěnme zǒu?
421	早く救急車を呼んでください。	快 叫 救护车。 Kuài jiào jiùhùchē.

Ⅲ．基本単語プチ辞典

　本書に収められた単語の中から基本単語を選びました。是非とも覚えてしまいましょう。
　目、耳、口、指の筋肉を連動させる「音読筆写」を何度も繰り返すことが大切です。
　ピンインを見たらすぐに、音と意味とが頭の中で結びつくまで反復練習しましょう。

A

ài　爱：①愛する、好く　②…するのが好きである
ǎi　矮：（背などが）低い
àihào　爱好：趣味
àiren　爱人：配偶者（夫または妻）
ānjìng　安静：静かにする、静かである

B

bā　八：八
bàba　爸爸：お父さん、父（主に口語）
bǎihuò gōngsī　百货公司：デパート
báilándì　白兰地：ブランデー
bāngzhù　帮助：助ける、援助する
bàngqiú　棒球：野球
bànshìyuán　办事员：事務員
bào　报：新聞＝"报纸" bàozhǐ
bàoqiàn　抱歉：すまなく思う、申しわけなく思う
bàoshè　报社：新聞社
běi　北：北
bèi　被：…によって（受け身を表す）
Běijīng　北京：北京
Běijīngkǎoyā　北京烤鸭：北京ダック
Běijīngrén　北京人：北京出身の人
bēizi　杯子：コップ、湯飲み
běnzi　本子：ノート＝"笔记本" bǐjìběn
biànhuà　变化：変化する
bié　别：…するな
biéde　别的：別のもの（こと）
bǐjiào　比较：比較的に、わりに
bìng　病：病気になる
bīngjilíng　冰激凌：アイスクリーム
bǐsài　比赛：試合
bìyè　毕业：卒業する　"毕业 于 岐阜 大学"〈岐阜大学を卒業する〉
bízi　鼻子：鼻
bōli　玻璃：ガラス
bówùguǎn　博物馆：博物館
bōyīnyuán　播音员：アナウンサー
bù　不：…ではない（動詞、形容詞の前に置かれる）
búbì　不必：…する必要はない＝"不用" búyòng
bùdīng　布丁：プリン
búyào　不要：…するな

C

cài　菜：料理
càidān　菜单：メニュー
cānguān　参观：見物する、見学する
cānguǎn　餐馆：レストラン＝"餐厅" cāntīng
cèsuǒ　厕所：便所、トイレ
chá　茶：お茶
cháng　尝：（食べ物を）味わう
chàng　唱：歌う　"唱 歌"〈歌を歌う〉
chángcháng　常常：しばしば、しょっちゅう
chāopiào　钞票：紙幣、札
chéng　乘：（乗り物に）乗る
chī　吃：食べる、（薬を）飲む
chí　迟：（時間が）遅い、遅れる
chǐcun　尺寸：サイズ
chōu　抽：吸う　"抽 烟"〈タバコを吸う〉

chuān 穿：着る
chuán 船：船
Chuāncài 川菜：四川料理
chuānghu 窗户：窓
chuánzhēn 传真：ファックス
chūfā 出发：出発する、出かける
chúle 除了：…を除いて（後ろに"以外"が続くこともある）
chūntiān 春天：春
chūqù 出去：出る、出て行く
chūshì 出示：呈示する、出して見せる
chúshī 厨师：コック
chūzhōng xuésheng 初中学生：中学生
cídiǎn 词典：辞書、辞典
cōngming 聪明：賢い、聪明である

D

dà 大：①大きい ②年上である ③広い
dàgài 大概：たぶん、おそらく
dǎgōng 打工：アルバイトする
dài 带：引き連れる、率いる
dài 戴：（帽子を）かぶる、（メガネを）かける
dàjiā 大家：みんな、みな
dǎjiǎo 打搅：邪魔をする
dǎkāi 打开：開ける、開く
dàngāo 蛋糕：ケーキ
dānshēn 单身：独身、独り者
dànshì 但是：しかし、けれども
dào 到：①行く ②来る ③…まで（時間）
dàshǐguǎn 大使馆：大使館
dǎsuan 打算：…するつもりである

dǎsuì 打碎：打ち砕く、こなごなに壊す
dàxué 大学：大学
dàxuéshēng 大学生：大学生
Déguó 德国：ドイツ
Déguórén 德国人：ドイツ人
děi 得：①…しなければならない ②要する
děng 等：待つ
diǎn 点：①時（時間の単位） ②指定する
diànbào 电报：電報"打电报"〈電報を打つ〉
diànhuà 电话：電話"打电话"〈電話をかける〉
diànhuà hàomǎ 电话号码：電話番号
diànnǎo 电脑：コンピューター
diànshì 电视：テレビ"看电视"〈テレビを見る〉
diànyǐng 电影：映画"看电影"〈映画を見る〉
diāokè 雕刻：彫刻
dìdi 弟弟：弟
dìfang 地方：①場所、所 ②ところ、部分
dìngshūjī 订书机：ホチキス
dìtǎn 地毯：絨毯（じゅうたん）
dìtiě 地铁：地下鉄
dìtú 地图：地図
diū 丢：なくす、紛失する、なくなる
dìzhǐ 地址：住所
dōng 东：東
dōngbian 东边：東、東側、東の方
dǒng 懂：わかる、理解する
dònghuàpiàn 动画片：アニメ映画

dōngtiān　冬天：冬
dòngwùyuán　动物园：動物園
dōngxi　东西：物、品物 "买 东西"〈買い物をする〉
dòngzuòpiàn　动作片：アクション映画
dōu　都：みな、すべて、全部
duì　对：①正しい　②…に対して
duìbuqǐ　对不起：すみません（呼びかけ／謝罪）
duìhuàn　兑换：両替する
duō　多：多い
duōshao　多少：いくら、どれほど（お金、人数など）
dúshēngnǚ　独生女：一人娘
dúshēngzǐ　独生子：一人息子
dùzi　肚子：腹

E

è　饿：ひもじい、飢えた
Éguó　俄国：ロシア
Éguórén　俄国人：ロシア人
èr　二：2
ěrduo　耳朵：耳
ěrhuán　耳环：イヤリング、耳飾り
érzi　儿子：息子

F

fǎ　法：方法、手段
Fǎguó　法国：フランス
Fǎguórén　法国人：フランス人
fàndiàn　饭店：ホテル
fàng　放：置く
fángzi　房子：家
fángjiān　房间：部屋

fānyì　翻译：①通訳　②翻訳する
fāshāo　发烧：熱が出る
fǎxué　法学：法律学
fāyīn　发音：①発音　②発音する
Fǎyǔ　法语：フランス語
fēijī　飞机：飛行機
fēijīpiào　飞机票：航空券、飛行機のチケット
fēicháng　非常：非常に、とても
fēn　分：分（時間の単位）
fēng　风：風 "刮 风"〈風が吹く〉
fēnjī　分机：（電話の）内線
fù　付：お金を払う
fùjìn　附近：付近、近所
fùqin　父亲：お父さん、父（主に文語）
fùxiè　腹泻：下痢
fùyìnjī　复印机：コピー機

G

gài　盖：（家を）建てる
gālífàn　咖喱饭：カレーライス
gǎn　感：感じる、思う
gàn　干：やる、する
gānbēi　干杯：乾杯する
gāngbǐ　钢笔：万年筆
gāngqín　钢琴：ピアノ "弹 钢琴"〈ピアノを弾く〉
gānlào　干酪：チーズ
gǎnmào　感冒：風邪
gāo　高：（高さが）高い
gāo'ěrfūqiú　高尔夫球：ゴルフ
gàosu　告诉：知らせる、教える、伝える
gāoxìng　高兴：嬉しい
gāozhōng xuésheng　高中学生：高校生

Gǎngbì　港币：香港ドル
gēge　哥哥：兄
gěi　给：①与える　②…のために
gèng　更：いっそう、ますます
gēshǒu　歌手：歌手
gèzi　个子：背丈
gōngchéngshī　工程师：エンジニア
gōngchǐ　公尺：メートル
gōngfēn　公分：センチメートル
gōngjīn　公斤：キログラム
gōnglǐ　公里：キロメートル
gōngsī　公司：会社
gōngsī zhíyuán　公司职员：サラリーマン
gōngwùyuán　公务员：公務員
gōngxǐ　恭喜：おめでとう（祝福のことば）
gōngyuán　公园：公園
gōngzuò　工作：①仕事　②働く、仕事をする
gǒu　狗：犬
guà　挂：掛ける
guǎi　拐：方角を変える
Guǎngdōng　广东：広東
Guǎngdōnghuà　广东话：広東語
guānmén　关门：閉店する、門を閉める
guānyú　关于：…について、関して
guàzhóu　挂轴：掛け軸
guì　贵：（値段が）高い
guójiā　国家：国、国家
guǒzhī　果汁：ジュース

H

hái　还：まだ、依然として
háishi　还是：それとも

háizi　孩子：子供
hànbǎobāo　汉堡包：ハンバーガー
Hánguó　韩国：韓国
Hánguórén　韩国人：韓国人
Hánguóyǔ　韩国语：韓国語
hánjià　寒假：（学校の）休暇
hǎo　好：①よい、すぐれている　②元気である
hǎochī　好吃：（食べて）おいしい
hǎohē　好喝：（飲んで）おいしい
hǎojiǔ　好久：長い間
hǎokàn　好看：（人、物が）美しい、きれいである
hǎotīng　好听：聞いて気持ちがよい、美しい
hǎoxiàng　好像：…みたいだ
hǎoyì　好意：好意、善意、親切心
hē　喝：（液体状のものを）飲む
hé　河：川、河川
hé　和：…と、および（接続詞）
hēisè　黑色：黒
héshēn　合身：（服が体に）ぴたりと合う
hóngbǎoshí　红宝石：ルビー
hóngsè　红色：赤
hòunián　后年：再来年
hòutiān　后天：あさって
hú　湖：湖
huà　画：（地図などを）書く
huábīng　滑冰：スケートをする
huài　坏：悪い
huànchē　换车：（バス、汽車などを）乗り換える
huángsè　黄色：黄
huángyóu　黄油：バター

217

huāpíng　花瓶：花瓶
huáxuě　滑雪：スキーをする
Hùcài　沪菜：上海料理
huì　会：①…することができる
　　　　②分かる
huíchéng　回程：帰り、帰路
huídá　回答：回答する、答える
huìyì　会议：会議
húluóbo　胡萝卜：ニンジン
huǒchē　火车：汽車
hùzhào　护照：パスポート

J

jì　寄：郵送する "寄 信"〈手紙を出す〉
jǐ　几：いくつか（通例は2から9まで
　　　　の数を指す）
jì　系：締める
jiālirén　家里人：家族
Jiānádà　加拿大：カナダ
Jiānádàrén　加拿大人：カナダ人
jiànzào　建造：建てる、建築する
jiànyì　建议：提案
jiǎnzi　剪子：ハサミ
jiāo　教：教える
jiào　叫：①（名前が）…である
　　　　②…させる
jiǎozi　饺子：ギョウザ
jiāojuǎn　胶卷：フィルム
jiàoshì　教室：教室
jiātíng fùnǚ　家庭妇女：主婦
jiàoxǐng　叫醒：起こす、目を覚まさせる
jīchǎng　机场：空港、飛行場
jīdàn　鸡蛋：卵
jìde　记得：覚えている

jiē　接：（電話を）つなぐ
jiéhūn　结婚：結婚する
jiějie　姐姐：姉
jièshào　介绍：紹介する
jīguāngchàngpiàn　激光唱片：CD
jīhuì　机会：機会
jìn　近：近い
Jīngcài　京菜：北京料理
jǐngchá　警察：①警察　②警察官
jīngcháng　经常：しばしば
jǐnjí　紧急：緊急である
jīntiān　今天：今日
jìnyānxí　禁烟席：禁煙席
jīròu　鸡肉：鳥肉
jìsuànqì　计算器：電卓
jiǔ　酒：酒
jiǔcài　韭菜：ニラ
jiǔdiàn　酒店：酒店
jiùhùchē　救护车：救急車
jiùmìng　救命：命を助ける "救命！"
　　　　〈助けてくれ！〉
juéde　觉得：感じる、思う
jǔxíng　举行：行う、挙行する
jùzi　句子：文、文章
júzizhī　桔子汁：オレンジジュース

K

kāfēi　咖啡：コーヒー
kāfēiguǎn　咖啡馆：喫茶店
kāi　开：（書類などを）書く、作成する
kāichē　开车：（車を）運転する
kāimén　开门：開店する、門を開ける
kāishǐ　开始：始める、着手する
kāixué　开学：始業する

kàn	看：①見る　②思う
kànshàngqu	看上去：見受けたところ、見たところ
kào	靠：接近する、近くにある
kǎolǜ	考虑：考える、考慮する
kǎoshàng	考上：試験に合格する
kě	渴：のどが渇いている
kè	刻：15分間（時間の単位）
kèběn	课本：教科書
kěkě	可可：ココア
kěkǒukělè	可口可乐：コカコーラ
kèqi	客气：遠慮する、謙遜する
késou	咳嗽：咳をする
kěyǐ	可以：①…することができる　②…してもよい
kōng	空：(部屋が)あいている
kōngjiě	空姐：スチュワーデス
kū	哭：泣く
kǔ	苦：(味が)苦い
kuàile	快乐：愉快である、楽しい
kuàixìn	快信：速達
kuàizi	筷子：箸
kùn	困：眠たい

L

lā	拉：弾く、奏でる
là	辣：(味が)辛い
lái	来：来る
lánbǎoshí	蓝宝石：サファイア
lánsè	蓝色：青
lánqiú	篮球：バスケットボール
láojià	劳驾：すいません（頼み事、質問などで呼びかける時）
lǎojiǔ	老酒：ラオチュー
lǎoshī	老师：先生
lèi	累：疲れている
lěng	冷：寒い
lí	离：…から（距離の基点を表す）
liáng	量：測る
liǎng	两：2
liángkuai	凉快：涼しい
liǎnsè	脸色：顔色
lìhai	利害：激しい、ひどい
líng	零：ゼロ
lǐngdài	领带：ネクタイ
línshígōng	临时工：アルバイト
liù	六：6
liúhuà	留话：伝言する
liúlì	流利：流暢に
liúxué	留学：留学する
liúxuéshēng	留学生：留学生
lù	路：道、道路
lùbǎoshí	绿宝石：エメラルド
lǜchá	绿茶：緑茶
Lúndūn	伦敦：ロンドン
Lúndūnrén	伦敦人：ロンドンっ子
lǜsè	绿色：緑
lǜshī	律师：弁護士
lǚxíng	旅行：旅行する
lǚxíngshè	旅行社：旅行社
lǚxíng zhīpiào	旅行支票：トラベラーズチェック
lùyīnjī	录音机：テープレコーダー

M

má	麻：麻
mǎ	马：馬
mà	骂：罵る

máfan　麻烦：面倒をかける、煩わす
mǎi　买：買う
mài　卖：売る
màiqílín　麦琪淋：マーガリン
májiàng　麻将：麻雀
māma　妈妈：お母さん、母（主に口語）
màn　慢：遅い、ゆっくり
máng　忙：忙しい
māo　猫：猫
máobǐ　毛笔：筆
máotáijiǔ　茅台酒：マオタイ酒
máotǎn　毛毯：毛布
máoyī　毛衣：セーター
màozi　帽子：帽子
mápódòufu　麻婆豆腐：マーボ豆腐
mǎshang　马上：すぐ、ただちに
měigé　每隔：…おきに
Měiguó　美国：アメリカ
Měiguórén　美国人：アメリカ人
méi (you)　没（有）：…ではない（動詞を従え未完了・未実現を表す）
mèimei　妹妹：妹
měitiān　每天：毎日
Měiyuán　美元：アメリカドル
mēnrè　闷热：蒸し暑い
mǐ　米：メートル
miànbāo　面包：パン
miànbāodiàn　面包店：パン屋
miànfěn　面粉：小麦粉
mílù　迷路：道に迷う
míngbai　明白：分かる、理解する
míngnián　明年：来年
míngtiān　明天：明日
míngxìnpiàn　明信片：ハガキ

míngzi　名字：名前
mùdì　目的：目的
mǔqin　母亲：お母さん、母（主に文語）

N

ná　拿：つかむ、持つ、運ぶ
nǎ　哪：どれ、どの
nà　那：あれ、あの、それ、その
nàge　那个：あれ、あの、それ、その
nǎichá　奶茶：ミルクティー
nàli　那里：あそこ
nǎli　哪里：どこ
nán　南：南
nán　难：難しい
nánpéngyou　男朋友：ボーイフレンド、男友達
nàxiē　那些：あれら、それら
nǎr　哪儿：どこ
néng　能：…することができる
nǐ　你：あなた
niánqīng　年轻：若い
nǐmen　你们：あなたたち
nín　您：あなた（"你"の敬称）
niúnǎi　牛奶：牛乳
niúròu　牛肉：牛肉
nònghuài　弄坏：いじって壊す
nóngxué　农学：農学
nuǎnhuo　暖和：暖かい
nǚ'ér　女儿：娘
nǚháir　女孩儿：女の子
nǚpéngyou　女朋友：ガールフレンド、女友達
nǚshì　女士：…さん（女性に対する敬称）

O

ǒutù 呕吐：嘔吐する
Ōuyuán 欧元：ユーロ

P

pàng 胖：太った
pángbiān 旁边：かたわら、そば、隣
pǎo 跑：走る
péngyou 朋友：友達
piányi 便宜：(値段が) 安い
piào 票：チケット
piàoliang 漂亮：きれいな
píbāo 皮包：カバン
píjiǔ 啤酒：ビール
píngguǒ 苹果：リンゴ
pīngpāngqiú 乒乓球：卓球
pútaojiǔ 葡萄酒：ワイン

Q

qī 七：7
qí 骑：(馬、オートバイなどに) 乗る、またがる
qián 钱：お金
qiánbāo 钱包：財布
qiānbǐ 铅笔：鉛筆
qiáng 墙：壁
qiánnián 前年：おととし
qiānzì 签字：サインする
qiǎokèlì 巧克力：チョコレート
qìchē 汽车：自動車
qǐchuáng 起床：起きる、起床する
qiézi 茄子：茄子
qǐfēi 起飞：離陸する

qìhòu 气候：気候
qīng 轻：軽い
qǐng 请：どうぞ…してください
qīngjiāo 青椒：ピーマン
qǐngwèn 请问：(すいません) お尋ねします、お伺いします
qīzi 妻子：妻
qù 去：行く
quèrèn 确认：確認する
qùnián 去年：去年
qúnzi 裙子：スカート

R

rè 热：暑い
règǒu 热狗：ホットドッグ
rénkǒu 人口：人口
rènshi 认识：見知る
rènwéi 认为：思う、考える
rènzhēn 认真：まじめである
Rìběn 日本：日本
Rìběnrén 日本人：日本人
Rìběncài 日本菜：日本料理
Rìběnjiǔ 日本酒：日本酒
Rìyuán 日元：円
ròu 肉：肉
ròubāozi 肉包子：肉まん
ròudiàn 肉店：肉屋
ruǎncípán 软磁盘：フロッピーディスク
rúguǒ 如果：もし…なら（"就"などと呼応することが多い）
rùjìng dēngjìkǎ 入境登记卡：入国カード

S

sān 三：3

221

sànbù　散步：散步"去 散步"〈散歩に行く〉
sǎngzi　嗓子：のど
sānmíngzhì　三明治：サンドイッチ
sǎomiáoqì　扫描器：スキャナー
shāfā　沙发：ソファー
shān　山：山
shàngyuè　上月：先月
Shànghǎi　上海：上海
Shànghǎirén　上海人：上海出身の人
shàngsi　上司：上司
shàngwǔ　上午：午後
shàngxīngqī　上星期：先週
shàngxué　上学：学校へ行く、登校する
shéi　谁：誰
shēnbào　申报：申告する
shēnfenzhèng　身份证：身
shēng　升：リットル "一升日本酒"〈日本酒1リットル〉
shèngdànjié　圣诞节：クリスマス
shēngri　生日：誕生日
shénme　什么：何、どんな、どういう
shēntǐ　身体：体、身体
shí　十：10
shǐ　使：…させる
shì　是：…である
shízài　实在：実際には、実は
shòu　瘦：やせている
shǒubiǎo　手表：腕時計 "戴着手表"〈腕時計をしている〉
shǒutíbāo　手提包：カバン、ハンドバッグ
shǒujī　手机：携帯電話
shǒujù　收据：領収書
shòupiàochù　售票处：切符売り場

shōuyīnjī　收音机：ラジオ
shū　书：本
shǔbiāo　鼠标：マウス
shūdiàn　书店：本屋
shūfu　舒服：気分がよい、体調がよい
shuǐ　水：水
shuì　睡：眠る＝睡觉　shuìjiào
shǔjià　暑假：(学校の) 夏休み
shuō　说：話す、言う
sì　四：4
sìyuàn　寺院：寺院

T

tā　他：彼
tā　她：彼女
tā　它：それ
Táibì　台币：台湾元
tàijíquán　太极拳：太極拳 "打 太极拳"〈太極拳をする〉
Táiwān　台湾：台湾
tāmen　他们：彼ら（男女混成の場合にも使える）
tāmen　她们：彼女たち
tāmen　它们：それら
tán　弹：弾く、奏でる
tāng　汤：スープ、吸い物
táng　糖：砂糖
tántiān　谈天：世間話をする
téng　疼：痛い、痛む
tī　踢：蹴る、蹴飛ばす
tián　填：書き入れる、空欄を埋める
tián　甜：甘い
tiānqì　天气：天気
tiào　跳：踊る

tīng 听：聴く
tíng 停：①（雨が）止む　②（車を）停める
tǐyùguǎn 体育馆：体育館
tóngshì 同事：同僚
tōngcháng 通常：普通、たいてい、いつも
tóngxué 同学：クラスメート、同級生
tōu 偷：盗む
tóu 头：頭
tóutòng 头痛：頭痛がする
tǔdòu 土豆：ジャガイモ
tuīxiāoyuán 推销员：セールスマン
túshūguǎn 图书馆：図書館

W

wàimian 外面：外
wǎn'ān 晚安：お休みなさい
Wángfǔjǐng 王府井：王府井
wǎngqiú 网球：テニス
Wànlǐ chángchéng 万里长城：万里の長城
wánr 玩儿：遊ぶ
wǎnshang 晚上：晚、夜、夕方
wàzi 袜子：靴下
wèi 喂：（電話）もしもし
wèidao 味道：味
wèikǒu 胃口：食欲
wèi shénme 为什么：なぜ、何のために
wēishìjìjiǔ 威士忌酒：ウイスキー
wèn 问：質問する
wénfǎ 文法：文法
wénjùdiàn 文具店：文房具店
wèntí 问题：問題
wénxué 文学：文学

wǒ 我：私
wǒmen 我们：私たち
wǔ 五：5
wǔfàn 午饭：昼食
wūlóngchá 乌龙茶：ウーロン茶
wǔshù 武术：武術

X

xī 西：西
xiàbān 下班：退勤する、勤めが終わる
xiān 先：先に、初めに、まず
xián 咸：塩辛い、しょっぱい
xiàwǔ 下午：午後
xiànkuǎn 现款：現金
xiānsheng 先生：…さん（男性に対する敬称）
xiànzài 现在：現在、今
xiǎng 想：①思う　②…したい
xiàng 象：象
xiàng 向：…に向かって
xiǎngdào 想到：思い付く、気付く
xiàngdǎo 向导：ガイド
Xiānggǎng 香港：香港
Xiānggǎngrén 香港人：香港出身の人
xiāngjiāo 香蕉：バナナ
xiàngpí 橡皮：消しゴム
xiǎo 小：①小さい　②年下である　③狭い
xiào 笑：笑う
xiǎojie 小姐：おねえさん（若い女性に対する呼びかけのことば）
xiǎoshí 小时：時間（時間の単位）
xiǎoshuō 小说：小説
xiàtiān 夏天：夏

xiǎotíqín　小提琴：バイオリン
xiāoxi　消息：知らせ、ニュース
xiǎoxīn　小心：注意（用心）深い
xiǎoxuéshēng　小学生：小学生
xiàxīngqī　下星期：来週
xiàyuè　下月：来月
xié　鞋：靴
xiě　写：書く
xièxie　谢谢：ありがとう（感謝のことば）、…に感謝する
Xībānyá　西班牙：スペイン
Xībānyárén　西班牙人：スペイン人
xībian　西边：西側、西の方
xīhóngshì　西红柿：トマト
xǐhuan　喜欢：好きである
xìn　信：手紙
xìnfēng　信封：封筒
xíng　行：よい、かまわない
xìng　姓：姓
xīngqī'èr　星期二：火曜日
xīngqīliù　星期六：土曜日
xīngqīrì　星期日：日曜日
xīngqīsān　星期三：水曜日
xīngqīsì　星期四：木曜日
xīngqīwǔ　星期五：金曜日
xīngqīyī　星期一：月曜日
xìngqù　兴趣：興味、関心
xīnlǐxué　心理学：心理学
xīnwén jìzhě　新闻记者：ジャーナリスト
xìnyòngkǎ　信用卡：クレジットカード
xìnzhǐ　信纸：便箋
xīyángcài　西洋菜：洋食
xīyānxí　吸烟席：喫煙席
xīwàng　希望：希望する

xué　学：学ぶ、勉強する、学習する
xuéxiào　学校：学校
xuèxíng　血型：血液型
xūyào　需要：必要である

Y

yá　牙：歯
yán　盐：塩
yángcōng　洋葱：タマネギ
yángròu　羊肉：羊肉
yǎnjing　眼睛：目
yánsè　颜色：顔色
yàntai　砚台：すずり
yǎnyuán　演员：俳優
yǎo　咬：咬む
yào　要：必要である
yào　药：薬
yàodiàn　药店：薬局
yàoshi　钥匙：鍵
yàoxué　药学：薬学
yátòng　牙痛：歯が痛い
Yàzhōu　亚洲：アジア
yě　也：…も（同じに分類されることを示す）
yī　一：1
yìdiǎnr　一点儿：すこし
Yìdàlì　意大利：イタリア
Yìdàlìrén　意大利人：イタリア人
yīfu　衣服：衣服
yígòng　一共：全部で
yìjian　意见：意見
yǐjing　已经：すでに、もう
Yìndù　印度：インド
yīngdāng　应当：…すべきである =

"应该" yīnggāi
Yīngguó 英国：イギリス
Yīngguórén 英国人：イギリス人
Yīngwén 英文：英語（主に文語）
Yīngyǔ 英语：英語（主に口語）
yīnglǐ 英里：マイル
yínháng 银行：銀行
yǐnliào 饮料：飲み物
yìnxiàng 印象：印象
yīyuàn 医院：医院
yīnyuè 音乐：音楽
yīshēng 医生：医者
yīxué 医学：医学
yòng 用：①…で（手段・方法）
　　　②借りる
yǒu 有：①持つ、所有する　②ある、
　　　存在する
yòu 右：右
yòubian 右边：右側、右の方
yǒudiǎnr 有点儿：少し（主に望ましく
　　　ないことについて）
yóujú 邮局：郵便局
yǒumíng 有名：有名である
yóupiào 邮票：切手
yǒushíhou 有时候：時々
yǒu yìsi 有意思：面白い
yóuyǒng 游泳：泳ぐ
yú 鱼：魚
yǔ 雨：雨　"下雨"〈雨が降る〉
yuǎn 远：遠い
yuánguī 圆规：コンパス
yuánzhūbǐ 圆珠笔：ボールペン
Yuècài 粤菜：広東料理
yuèfen 月份：月、月順

Yuènán 越南：ベトナム
Yuènánrén 越南人：ベトナム人
yuēqǐng 约请：招待する、招く
yúdiàn 鱼店：魚屋
yúkuài 愉快：愉快である、嬉しい
yǔmáoqiú 羽毛球：バドミントン
yùndòng 运动：運動
yǔsǎn 雨伞：傘
yǔyánxué 语言学：言語学
yǔyī 雨衣：レインコート

Z

zài 在：ある、いる、存在する
zàijiàn 再见：さようなら
zánmen 咱们：私たち
zǎofàn 早饭：朝食
zāogāo 糟糕：目茶苦茶である
zěnme 怎么：①なぜ、何のために（理
　　　由）　②どうやって（方法）
zěnmeyàng 怎么样：…はどうですか
　　　（提案）
zhàn 站：①立つ　②駅、停留所
zhàngdān 帐单：勘定書
zhàngfu 丈夫：夫
zhànxiàn 占线：（電話が）話し中であ
　　　る
zhǎo 找：探す、訪ねる
zháojí 着急：あせる、いらいらする
zhàopiàn 照片：写真
zhàoxiàng 照相：写真を撮る
zhàoxiàngjī 照相机：カメラ
zhè 这：これ、この、それ、その
zhège 这个：これ、この、それ、その
zhèli 这里：ここ、そこ

zhēn　真：本当に、実に
zhēnzhū　珍珠：真珠
zhèxiē　这些：これら
zhǐ　纸：紙
zhǐshì　只是：ただ…にすぎない
zhǐtou　指头：指
zhòng　重：重い
Zhōngguó　中国：中国
Zhōngguócài　中国菜：中華料理
Zhōngguórén　中国人：中国人
zhōngwǔ　中午：正午前後、昼頃
zhòngyào　重要：重要である
zhù　住：①住む　②滞在する
zhuānyè　专业：専門
zhuāzhù　抓住：捕まえる
zhuólù　着陆：着陸する
zhuōzi　桌子：机、テーブル
zhǔrèn　主任：主任
zhūròu　猪肉：豚肉
zìxíngchē　自行车：自転車
zǒngjī　总机：電話交換手
zǒngshì　总是：いつも
zǒu　走：①歩く　②出発する、行く
zǒulù　走路：歩く
zuànshí　钻石：ダイヤモンド
zuǒ　左：左
zuò　做：(仕事などを) する
zuò　坐：①座る　②（乗り物に）乗る
zuǒbian　左边：左側、左の方
zúqiú　足球：サッカー"踢足球"〈サッカーをする〉
zuótiān　昨天：きのう
zuòwèi　坐位：座席、席
zuòyè　作业：宿題

著者略歴

船田　秀佳（ふなだ　しゅうけい）
1956年岐阜県生まれ。
東京外国語大学外国語学部中国語学科卒業。
カリフォルニア州立大学大学院言語学科修了。
東京外国語大学大学院地域研究研究科修了。
現在、名城大学教授。岐阜大学講師。
主要著書・論文
『英語感覚の磨き方』（鷹書房弓プレス）
Drills for Listening and Dictation（鷹書房弓プレス）
"Japanese Philosophy and General Semantics"
（*ETC: A Review of General Semantics, U.S.A.*）
"Homological Aspects of Language and Logic in Intercultural Communication"（*General Semantics Bulletin, U.S.A.*）
"Edward Sapir and Zen Buddhism"（*Bulletin of the Edward Spair Society of Japan*）

2週間ですぐに話せる中国語
定価（本体2,300円＋税）

2002.11.20　初版第1刷発行

発行所　株式会社　駿河台出版社
　　　　発行者　井　田　洋　二
　　　　〒101-0062　東京都千代田区神田駿河台3丁目7番地
　　　　電話　東京03（3291）1676（代）番
　　　　振替　00190-3-56669番　FAX03（3291）1675番
　　　　E-mail : edit@surugadai-shuppansha.co.jp
　　　　URL : http://www.surugadai-shuppansha.co.jp

製版　㈱フォレスト

ISBN4-411-01884-5　C1087　¥2300E

カラー音節表による
中国語発音のすべて〈CD付〉

中野　達　著

B5 判・54 頁　**本体 1600 円**
CD 1 枚（吹込／陳浩，梁月軍）

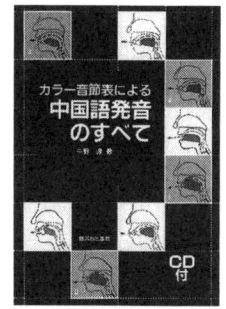

　耳と目からわかりやすく全発音をマスターしよう！　中国語発音の悩みをわかりやすく解決することを目的とした発音テキストの決定版。添付 CD の録音に従いながら最初から順を追って学習を進めると「中国語音節表」を最終的にマスターできるようになっている。カラー区別により各音節グループを個別に学び，巻末音節表とも対照しやすい。発音の方法など具体的に図示し，発音練習をしながらできるだけ基本的な漢字や単語を学べるように工夫した中国語学習者には必携の一冊。　　　　　　　　　　　　　　　　　　　　(1889)

基礎からよくわかる
中国語文法参考書

大内田三郎　著

A5 判・157 頁　**本体 1500 円**

　中国語を聞く・話す・読む・書くという生きた運用能力を身につけるために中国語文法の基礎知識を要領よくまとめた文法書。本書は文法の基本をしっかりとおさえているため教科書の副読本として役立ち，学習者の中国語力ステップアップにつながる。文法の基本知識を基礎からよくわかるように簡潔にやさしく解説し，多くの例文を盛り込むように努めた。(1898)

中国語日常・旅行会話
STEP 30〈CD付〉

陳浩・梁月軍・張継濱 著
A5判 152頁　本体 1600円

　中国に旅行する際，中国人と中国語で話してみたいと思いませんか？
　本書は日常会話篇と旅行会話篇との二部で構成され，中国に関するコラムを付け，実用性を重視する会話用教科書になっているほかに，本格的に中国語をマスターしようと志す人たちには参考書として基礎的な語学力の養成にも役立ちます。学習者は旅行で中国に行っても，かなりの用が足りるようにしてあります。これ一冊で，中国人と話し，さらに一層旅行を楽しんでください。

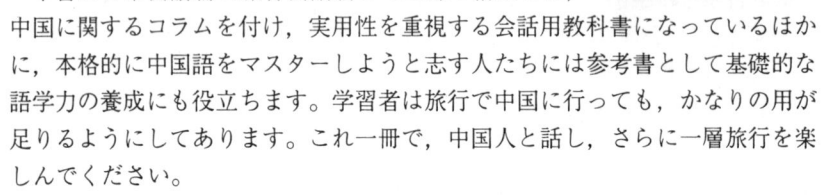

基本文型 150 で覚える中国語
―中国語の特徴をふまえた学習書―

大内田三朗 著
A5判 210頁　本体 1800円

　本書は，入門を終え，これから本格的に中国語の学習を始めようとしている人のために著した学習書です。
　中国語は語順と虚詞が文法機能上きわめて重要な役割を果たします。そうした観点から，虚詞を含む単語の配列と構文・文型について体系的に分かりやすく解説しました。このような学習書によって，語順と虚詞の用法を知ることが，中国語の意味を正しく理解し，中国語を正しく組み立てる基礎となります。

身につく中国語参考書
　　　─発音／会話／文法─

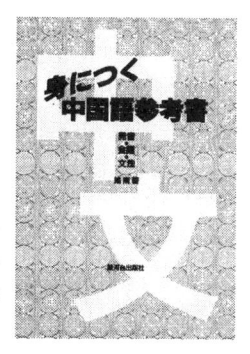

姚　南　著
B5 判・160 頁　**本体 2600 円**

　中国語の根幹とも言える発音，基本的な文法体系そして実用的な会話をしっかりとわかりやすく説明してある。覚えるべき授業の内容をくわしく書き上げた教科書兼独学用参考書。
　第1章 予備知識編，第2章 発音編，第3章 初級会話編，第4章 初中級文法編，練習問題。
(1888)

すぐに役立つ中国語表現

矢野光治　著

新書判・260 頁　**本体 1800 円**

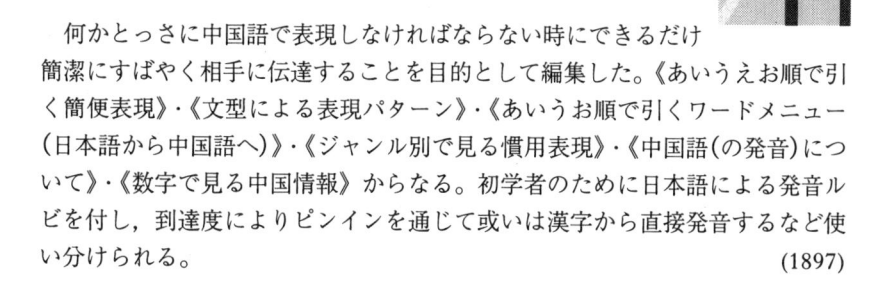

　何かとっさに中国語で表現しなければならない時にできるだけ簡潔にすばやく相手に伝達することを目的として編集した。《あいうえお順で引く簡便表現》・《文型による表現パターン》・《あいうお順で引くワードメニュー（日本語から中国語へ）》・《ジャンル別で見る慣用表現》・《中国語（の発音）について》・《数字で見る中国情報》からなる。初学者のために日本語による発音ルビを付し，到達度によりピンインを通じて或いは漢字から直接発音するなど使い分けられる。
(1897)

日・中 手さぐり単語帳
―表現中国語の試み―

國弘正雄
趙　京華
桑島由美子　編著
李　少勤
葛谷　登

A5判・256頁　本体2300円

　新しい言葉を学び始めるときから日本語の基礎的な表現語彙を身につける。あるいは覚え込む，はたまた親しむということが必要でしょう。そのような日本語の基礎的な表現語彙に対応するような表現を異なる言語の中から探し出している國弘正雄著『和英発想別分類動詞辞典』を基として，中国語の表現を「手探り」で編集したものです。
　新しい言葉を学ぶということは自分の心のなかに新しい言葉を育て，さらに心を育てることです。本書を活用して日常使われる中国語の生きた表現を実感して下さい。
　生き生きと中国語を話すための発想別分類表現手帳目次。1. プラスイメージ / 2. マイナスイメージ / 3. 対人関係 / 4. 対物関係 / 5. 動作・自然，に分類した。
(1899)

中国語基本ワードバンク〈改訂増補版〉

矢野光治・星野明彦・翠川信人　著
中野　達・周　国強

B6判・300頁　本体2000円
C-120（吹込／王軍，白井香菜子）

　辞書と単語ノートの機能を兼ね備えた中国語入門の必携書です。
　テキストの副読本として大変役に立ちます。
　★小型で中→日，日←中などの綜合的辞典の機能を備えています。★単語を学習段階別に覚えられます。★中国語検定試験3級，HSK（中国語能力認定試験）6級に対応できます。★日本人の姓，都道府県名，主要都市名，大学名，世界の国名などの発音が簡単に引けます。
(1896)